やさしい心理学

心の不思議を考える

都筑 学 ● 編
Manabu Tsuzuki

ナカニシヤ出版

はしがき

　私の勤務する大学には，春と秋の2回，日本赤十字社の献血車がやってきます。これは昨年10月のときのエピソードです。

　看護婦：(私の問診票を見ながら)先生ですか？
　私：はい。
　看護婦：何を教えているんですか？
　私：(ちょっとためらいながら)心理学です。
　看護婦：それじゃ，私の心の中が分かっちゃうんですね。ああ，こわーい。
　私：…(無言。そして，「言わなければよかった」と後悔)。

　世紀の変わり目をはさんで，ここ何年か，「心理学ブーム」ともいえるような状況が続いています。不安定で先行きの見えにくい世の中が，「癒し」とか「心のケア」を求める人々の気持ちをよりいっそう強めているようにも見受けられます。
　そうしたなかで，「人の心を知りたい」「自分について知りたい」「悩みをもつ人を助けてあげたい」というような思いを胸に秘めて，心理学の勉強を志す若者が大勢います。中央大学の心理学コースにも，毎年60名ほどの学生が入学してきます。学生の多くは，「心理学を学ぶと，心が分かるようになる」と素朴に考えているようです。

しかし，大学に入って勉強を進めるうちに，心理学を学んでも，自分の思うように自由に人の心を「見透かす」ことはできないことに徐々に気づいていきます。同時に，自分が学んでいる「心理学」が人の心を理解する学問とはほど遠いのではないかという，幻滅にも似たような気持ちになる学生が少なくないようです。

私も学生時代に，似たような経験を持っているので，学生の気持ちがある程度分かります。大学入学後，しばらくして，私は転専攻することも考えたのですが，友人たちと読書会や研究会をし，幼児教育の実践現場で子どもの発達の様子を観察するなかで，学問としての心理学の楽しさを知りました。それがきっかけで学問の世界に足を踏み込み，今では心理学を生業としています。それゆえ，「心理学」に失望する学生を見るにつけ，教師としての立場から，心理学の本当のおもしろさを多くの学生に知ってほしいと願わずにはいられないのです。そして，心理学のおもしろさを1人でも多くの人に伝えるような本を出版したいと思い続けてきました。

本書は，これから心理学を学んでみたいと思っている人，心理学の教科書には飽き足らない人，そして，心理学を少しかじってみたがつまらないと思っている人などを対象に書かれたものです。できる限り身近な問題から出発して，私たちの現実生活や社会的現実との関連において「心」について考察することを目ざしています。これまでとはちょっと違った「モノの見方」をすると，どんなふうに人の心を理解できるのかについて，読者の皆さんといっしょに考えてみることが，本書のねらいです。そうした「モノの見方」の転換を経験することによって，心理学のおもしろさに少しでも気づいてもらえたらと思います。

本書の内容は，5部構成になっています。第Ⅰ部では，心とは何かについて，脳やからだの機能との関連において論じています。第Ⅱ部では，認知・回想・創造性というテーマを立て，現在・過去・

未来の3つの時制から心のはたらきについて論じています。第III部では,心の発達について,子ども・青年・老人という人生を代表する3つの発達段階における個別的な問題を取り上げて論じています。第IV部では,ステレオタイプや問題行動をテーマとして,心が社会とどのようにかかわりながら形成されていくかについて論じています。第V部では,ストレスや精神疾患を取り上げて,日常生活における心のゆがみや心を病むことについて論じています。

　本書は,主な読者層として大学1,2年生ぐらいを想定しており,できるだけ平易な記述を心がけました。心理学についての知識を特別に持っていない人でも1人で読めるように配慮してあります。関心を持った章から読み進めていき,特に興味を持った分野については,読書案内に掲載された本でさらに発展的に学んでもらいたいと思います。

　さて,本書の執筆者は,私が1988年に中央大学に赴任して以後,学部あるいは大学院で教えた学生・院生たちです。こうした人たちと共同でこのような本を出版でき,大変感慨深く思っています。すでに大学に職を得て教壇に立っている人もいますが,現役の大学院生も全員が非常勤講師として授業を担当した経験を有しています。こうした若い心理学者の感性豊かな授業実践の経験が,本書のなかにも生かされていると思います。

　最後になりましたが,本書の企画意図を十分理解して出版を引き受けていただいたナカニシヤ出版の宍倉由高編集長,編集作業を行っていただいた酒井敏行氏に深く感謝します。

2003年1月7日

都筑 学

目　　次

はしがき　*i*

第Ⅰ部　心はどこにある

第1章　脳から見る心 ———————————————— 3
1．はじめに　*4*
2．過去と自分を結びつけているもの　*4*
3．現在と自分を結びつけているもの　*11*
4．今の自分を支えるもの　*15*
5．おわりに　*17*

第2章　からだから見る心 ———————————————— 20
1．からだと心の関係　*21*
2．からだと心，どちらが先か？　*24*
3．からだにあらわれる心の状態　*28*
4．おわりに　*35*

第Ⅱ部　心のはたらき

第3章　ものを知るはたらき ———————————————— 39
1．認知とは　*40*
2．知識の構造　*42*
3．認知のための経験の枠組み〜スキーマ〜　*43*
4．スキーマを上手に利用する仕組み　*50*
5．スキーマを調節する能力の源泉　*51*
6．おわりに　*52*

第4章　自分の過去の体験を思い出す ─────────── 55
1. 過去の体験をどのように記憶されているのか　56
2. 何が記憶に残るのか？　またそれはなぜか？　57
3. 思い出される体験は真実なのか？　59
4. 過去の体験を自分の中で変容させることの意味　61
5. 過去を思い出すことの意味　66
6. おわりに　67

第5章　創造性を伸ばすことはできるのか？ ─────── 70
1. 創造性とは何か
　　〜心理学的な創造性のとらえ方の歴史的変遷〜　71
2. 現実社会の中での創造性　76
3. 学校文化と創造性　82

第Ⅲ部　心の発達

第6章　子どもの心とその発達
　　─乳幼児発達心理学の知見から分かること─ ─── 91
1. さまざまな姿を見せる子どもたち　92
2. 子どもの心の育ちはどのように決まるか
　　〜一般的な説明では〜　93
3. 「縦断研究」の結果から　95
4. 「相乗的相互作用モデル」という視点　98
5. おわりに　105

第7章　青年は悩みながら成長する ───────────── 108
1. 青年はどんな悩みをもっているのか　109
2. 青年のさまざまな悩み　112
3. 悩む青年と悩まない青年　119

第8章　老人の心
　　─介護を必要とする老人から見る老人の心─ ─── 126

1．老人の特徴〜"老いる"ことの様相〜　*127*

　2．病気を患っている老人　*135*

第Ⅳ部　社会と心

第9章　ステレオタイプがもたらすさまざまな影響 ——— *147*

　1．ステレオタイプとは何か　*148*

　2．外見や肩書きで人を判断する　*149*

　3．血液型ステレオタイプを持ち続ける理由　*151*

　4．人の行動の原因を考える　*154*

　5．ステレオタイプの影響は良いものか？　悪いものか？　*156*

第10章　問題となる行動―問題の見方と対策の立て方― ——— *161*

　1．問題行動のいろいろ　*162*

　2．問題行動へのアプローチ：問題の見方・とらえ方　*164*

　3．特性論：問題の原因は個人の側にある！　*164*

　4．関係論：問題の原因は，
　　　　　　人と人の間＝関係のあり方にある！　*168*

　5．システム論：問題が起こるところには必ずうまい仕掛けが
　　　　　　　　働いている！　*170*

　6．問題の見方を変えること　*175*

第Ⅴ部　心の病

第11章　仕事と家庭の両立とストレス
　　　　―ストレスから充実感への変化― ——— *179*

　1．ストレスとは何か？　*180*

　2．仕事のストレス　*182*

　3．家庭のストレス　*185*

　4．仕事と家庭の両立とストレス　*187*

　5．仕事と家庭の両立によるストレスから充実感への変化　*191*

6．おわりに　*195*
第12章　心を病むとは ―――――――――――――― *198*
1．はじめに　*199*
2．うつ病（気分障害）　*200*
3．統合失調症　*206*
4．臨床心理学モデルに基づく心の病への関わり　*212*
5．おわりに　*214*

人名索引　*217*
事項索引　*218*
執筆者紹介　*221*

第Ⅰ部

心はどこにある

第 *1* 章
脳から見る心

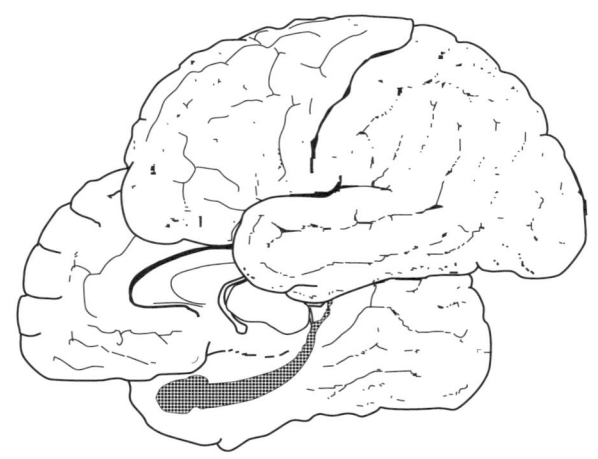

　私たちのからだの一部でありながら，普段の生活からは脳の存在に気づくことはそう多くはありません。しかしある人々のふるまいからその存在をかいま見ることができます。病気やけがで脳に障害を負った人々は，実にさまざまなふるまいを見せてくれます。そのような人々のふるまいを通じて，間接的にですが私たちが普段は知ることができない脳の存在やその働きを知ることができるのです。

　本章では，特に脳に障害を負ったために記憶障害となった人々のふるまいを通じて，私たちの活動がいかに脳に支えられたものなのか，脳によって私という存在がまわりの世界とどのように結びついているのかを考えていきたいと思います。

1. はじめに

「心」とは何でしょうか。これは非常に難しい問題で、もしかしたら永遠の謎かもしれません。ではもう少し絞ってみて、「自分」とは何でしょうか。これならばもう少し答えやすいでしょう。ある人は、「いま、ここで、この本を読んでいるのが自分である」と答えるかもしれませんし、ある人は「自分は自分である」とだけ答えるかもしれません。これ以外にもいろいろな答えがあると思いますが、この本を読んでいる皆さんは少なくとも、「いまある自分が自分である」ということは疑いようもないと感じているのではないでしょうか。ですが、この疑いようもない存在自体、実はとても脆く、脳というある1つの臓器の状態によって、そのあり様が一変してしまうのです。

これから書いていく内容はある人たちが示す行動です。皆さんがもし、この人たちに会ったとしても、少しも変わったところなど感じないかもしれません。ましてや障害を持っているなどとは想像できないことでしょう。ただ少し違うのは、脳という臓器が病気により少し傷ついたことぐらいです。そういう方たちのふるまいを見ながら、自分とはどのような存在なのか一緒に考えてみたいと思います。

2. 過去と自分を結びつけているもの

過去を失う

Aさんは、脳にウイルスが入って炎症を起こしたことで、過去の一時期の記憶が失われてしまいました（石原ら、1997）。Aさんは、発症の3年前に結婚し、すでに1児の父となっていましたが、Aさ

んに昔のことを尋ねると，結婚前に奥様と旅行に行ったことなどはよく覚えていたのですが，結婚してからのこと，自分に子どもがいることはまったく覚えていませんでした。覚えていませんでしたというと変に思うでしょうが，思い出せないのではなく，覚えていないのです。自分が写った写真を見ても，自分がよく読んでいた漫画を見ても，見覚えがないというのです。また，自分の話だけではなく，同じ時期の世の中の出来事をたずねても同様に覚えていません。まるで，浦島太郎のように，気がついてみると3年先になっていた，といった具合でしょうか。

　もうAさんの過去は戻ってこないのでしょうか。残念ながら，失われてしまった過去の記憶はよみがえってくることはありませんでした。しかし幸いにも健忘症の方と違って，Aさんの障害は，過去の記憶が失われただけで，新しく覚える能力は障害されていませんでした。健忘症の方の場合，過去の記憶も障害されていますが，それ以上に新しいことを覚えることが困難です。ですがAさんはそうではなく，失われた過去のことを覚えなおすことは可能でした。ですが人間の記憶は複雑です。人間がコンピューターと同じ仕組みなら消えてしまったデータをもう1度入力してしまえばすむことです。しかし人間の記憶はそうはいきません。たとえ失われた事柄をあとから覚えたとしても，それは自分の思い出ではなく，自分の過去のことに関する知識でしかないのです。自分自身が主人公となり行動や感情をともなった経験が蓄積されたものを自伝的記憶ということがありますが（山鳥，2002），いくら自分が写っている写真を見たり，自分の失われたことを聞かされたりしてそれを覚えても，自らの経験をともなわないそのような記憶は，自伝的記憶とはなりえないようです。この方は，自分の過去を語るときにいつまでも「〜なようです」と，まるで他人ごとのように語っていました。

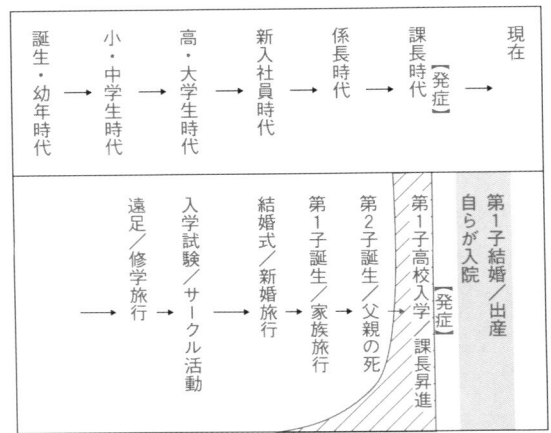

図 1-1 逆向性健忘と前向性健忘

逆向性健忘と前向性健忘の関係を模式的にあらわしています。図は例としてある男性が課長として過ごした 45 歳頃に病気になり、それから 10 年が経過したということをあらわしています。現時点で思い出せない期間は 2 種類あります。1 つは発症前の出来事です。これを逆向性健忘といいます（斜線部分）。自分が子どもの時のことはよく覚えているのですが、2 人目の子どもが生まれたこと、1 人目の子どもが高校に入ったことなどはよく覚えていません。逆向性健忘にはこのように時間的な勾配をともなっています。もう 1 つの思い出せない期間は、発症後の出来事です。これを前向性健忘といいます（網目部分）。逆向性健忘は、覚えていたことが何らかの原因により思い出せなくなる（もしくは失われる）状態で、前向性健忘は覚えること自体が障害されるために後になってから思い出せなくなっています。

過去を失うとは

　この患者さんのように脳の病気やケガが起こる前の記憶が障害される状態を逆向性健忘といいます（図 1-1）。皆さんは、昔のことが思い出せないというとドラマや映画などによく出てくる、いわゆる「記憶喪失」を思い浮かべるかもしれません。しかし逆向性健忘の患者さんでは、記憶喪失のように自分自身が誰か分からなくなるこ

とはありません。逆向性健忘の長さはさまざまで，Aさんのように失われた期間が数年に限られた状態の時もあれば，数十年にわたって障害されることもあります。また，逆向性健忘だけが生じることは非常に少なく，多くは新しいことを覚える障害（前向性健忘）もともなっています。

逆向性健忘にはいくつかの特徴があります。1つは，障害されるのは，病気やケガが起こる直前の記憶であって，発症前3年間の記憶が失われることはあっても，発症から10年前の3年間の記憶だけが失われたりすることはありません。2つ目の特徴は，逆向性健忘が長期にわたった場合でも，古い記憶，つまり若い時や幼い時の記憶は保たれています（これをリボーの法則といいます）。3つ目の特徴は，Aさんのように特定の期間だけが失われることはまれで，多くの場合，時間的勾配と呼ばれる傾斜をともなった失われ方をしています（図1-1）。この傾斜が示すように病気やけがの直前の記憶ほど失われる量が多く，古い記憶ほど失われる量が少ないのです。

ではなぜ，このような逆向性健忘が生じるのでしょうか。実はまだ一定の結論は示されていません。1つの考え方としては，記憶というものは，覚えるべき内容を一時に脳に書き込むのではなく，非常に長い時間をかけて徐々に書き込んでいる，という説があります（Squire, 1987）。古い記憶はしっかりと書き込んでいますから頑丈で，簡単には失われにくいですが，最近の記憶は書き込んでいる最中ですから書き込む作業が少しでも中断してしまうと，その部分の記憶は書き込まれなくなってしまい，逆向性健忘の状態となってあらわれるというものです。

これ以外にも最近では，脳波の異常が記憶の書き込みを阻害したり，すでに書き込まれた記憶を消し去ったりするために逆向性健忘が生じる可能性も示されています（Manes *et al.*, 2001；Kapur *et al.*, 2002）。次に登場していただく患者さんはそのような理由により記

憶の障害を示したと考えられる患者さんです。

失われつつある過去

　Bさんは，51歳の女性で，友人に連れられて病院にやって来ました（緑川・河村，2002）。覚えているはずのことを覚えていないというのが来院の理由です。ですが，まわりの人が心配しているのに対して，本人はさほど気にもとめていない様子で，意外なほどケロっとしていました。皆さんでしたら，昔の思い出の中でも旅行に行ったこと，とりわけそれが海外旅行だったならば，そのことをよく覚えているのではないでしょうか。ですがBさんはつい2年前の海外旅行のことですら覚えていないようなのです。家族や友人からそのことを指摘されても，「へーそうなの？」とまるで他人ごとのように答えていました。しかし先ほどのAさんとは異なり，覚えていないのはこの2年間だけではなく，20年前に行った海外旅行や，30年前に行った家族旅行などもまったく覚えていないようなのです。ですがそれよりももう少し前の東京オリンピックを見に行ったことなどは実によく覚えていました。このように彼女の覚えていない期間は実に30年以上にわたっていました。

　こんなに重い症状を示したBさんでしたが，脳の様子を調べるMRIという装置を使っても，知能検査や記憶の検査をしてもとりたてて明らかな異常は見当たりませんでした。そのため，ある症状が後に見られるまでは，何かのストレスによって生じた心因性の記憶障害ではないかと疑ってみたこともありました。

　驚くべきことに，Bさんの症状はこれだけではありませんでした。1週間前に横須賀にあるポピー園に行ったことを詳しく話してくれたかと思うと，それから1ヵ月もたたないうちにそのことをもう1度たずねてもまったく覚えていないようなのです。普通に私たちが忘れる以上に急速にものごとを忘れてしまうようなのです。彼女の

手帳を見せてもらいながら一緒に昔のことを振り返ってみても，数日前のことはよく覚えているのですが，数週間から数ヵ月前頃の出来事になると記憶は非常に曖昧になっていました。先ほどのAさんと違って，Bさんの過去は常に失われつつあるようです。

　皆さんは影踏みという遊びをしたことがあるでしょうか。相手の影を踏み合う遊びです。当然ですが，相手が走っていれば影もとどまることなく相手にくっついていきます。Bさんの状態は，ちょうど影踏みをするのに似ています。Bさんの過去を捕まえたと思ったら，いつのまにか逃げ去っているのです。

　ある日のことです。Bさんは友人との旅行で待ち合わせているときに発作を起こしてしまいました。てんかん大発作だったのです。それまで1度もそのような兆候はなかったのですが，この年齢になって初めて発作が起こったのです。脳波を見ても異常は明らかでした。それまで不思議でしようがなかった彼女の症状でしたが，これでやっと1つの線で結ばれたような気がしました。てんかんの患者さんがすべてそうだというわけではありませんが，彼女の場合にはこれまでの症状がてんかんによって生じたと考えると納得がいきました。てんかんで記憶の障害が生じるとはあまり知られていませんでしたが，過去の文献を調べてみると彼女のような記憶の障害を示す可能性が示されていました。

　Bさんには，このような大発作だけではなく，複雑部分発作という小さな発作が何度も見られました。私の目の前で生じた発作もそのような小さな発作の1つだと思われますが非常に不思議な症状でした。

　この日は1人で来院しました。主治医と私がいるところに彼女がやって来て前日の夜の出来事などをいろいろと話し始めました。主治医が診察室に入ったあともしばらく私と話しつづけていましたが，呼び出しのランプが点いたので診察室前に移動して，ソファーに座

ってから続きを話していました。話に少し間があいたので彼女のほうに顔を向けると、何やら手を上下に重ねてこすり始め、さらに口をモゴモゴし始めました。発作が始まったのです。その後のなりゆきをドキドキしながら見ていると、大したことはなく発作が終了したかに思われました。前の人が診察室から出てくると、何の躊躇(ちゅうちょ)もなく彼女はドアを開けて自分から診察室に入っていきました。そして主治医の目の前に何ごともなかったように座りました。実は発作がまだ終わったわけではありませんでした。主治医が声をかけ、彼女は返事をするのですが、どこか変です。話がかみ合わないのです。質問されたことに対して、返事をすることはできますが、会話になりませんでした。表情もありません。2、3分たったでしょうか、俄(にわ)かに表情が変わり、話もかみ合うようになりました。おそらくこの時点で通常の状態に戻ったと思われます。驚いたのはこの後です。昨日のことは覚えているのに、先ほど診察室前や待合室で一緒に昨日の話をしたことをまったく覚えていなかったのです。つい数分から十数分前のことだったのですがまったく覚えていないのです。

　脳は体の他の組織と同様に細胞によって成り立っていますが、神経細胞という細胞が中心的な役割を果たし、電気的な信号と化学物質を媒介として他の神経細胞とのやり取りを通じて、私たちの活動の基盤となっています。てんかんによる発作とは脳の中で過剰に電気が流れる状態ですが、この電流がそのような活動を妨害してしまうと考えられています。Ｂさんはてんかんによってさまざまな形で自分の過去を残すことができませんでした。このような脳の中の電気的なふるまいによって自分と過去との結びつきが断たれてしまうことがあるのです。

3. 現在と自分を結びつけているもの

新しく覚えることができない

　Cさんは，クモ膜下出血によって，前脳基底部と呼ばれる領域が損傷を受けた患者さんです。前脳基底部は，記憶の形成に重要な領域の1つです（図1-2）。

　Cさんは，非常に知的な方で，山や日本の近代史についてもいろいろと知っていて，会うたびに私にいろいろと教えてくれます。私の後ろには，ちょうど患者さんの目に止まる位置に槍ヶ岳の写真が

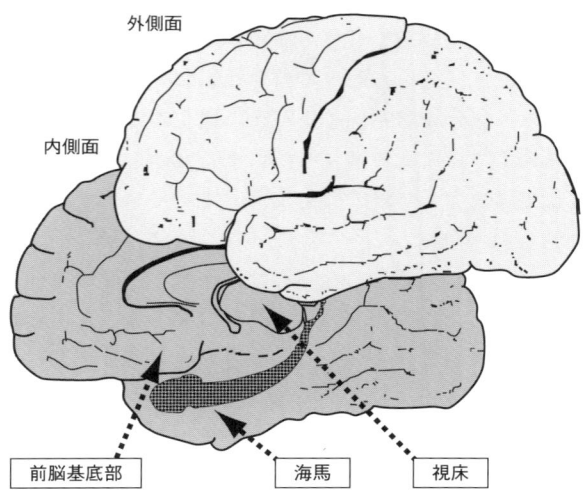

図1-2　記憶障害を引き起こす主要な脳部位（平山・河村，1993を改変）
大脳は左半球と右半球の2つから成り，主に脳梁という線維によって結ばれています。左右半球は脳梁の部分で分割することにより，左半球と右半球を分離することができます。図は，左半球を外から見た部分（外側面）と，右半球を内側から見た部分（内側面）をあらわしています。前脳基底部，視床，側頭葉内側部は，それぞれ内側面に位置していますが，海馬はさらに内面に位置し，表面からは見ることができないために斜線であらわしてあります。これらの部分が健忘症を引き起こす代表的な脳部位です。

飾ってあります。Ｃさんは大学時代にいろいろな山に登った経験があり，その写真もちょうどそうした山の１つなのだそうです。部屋に入って飾ってある山の写真が目にとまると，「これは槍ヶ岳ですね」と山の形から判断したのでしょうか，山の名前を言い当てて，ご自身の経験も含めてその山の説明をしてくれます。また，その写真を撮った写真家が高名なようで，その写真家についても詳しく解説してくれます。

訓練や評価を行ったあとには，自分の小学校時代の経験を思い出すのでしょうか，「私が小学生のころの○○県は非常に教育熱心で，統一テストの成績を少しでも上げようとクラス全員が残されて勉強させられました」とその時の思い出を語ってくれます。

このように聡明で博識なＣさんですが，では何が問題なのでしょうか。おそらく１回会っただけでは分からないかもしれません。実は，Ｃさんは，ほとんど毎回のように，機会あるごとにこのことを話し始めるのです。１人で通院していましたから，新しい場所を覚えることはできますし，私の顔も名前も覚えています。しかし，以前に何を話したのか覚えていないようなのです。目の前に山の写真があるとそれについて話をしたくなり，テストを受けた後はテストについての話をしたくなるといった具合です。皆さんも何かを話すときに，たまたま目に止まったものをきっかけとして話し始めることがあると思いますが，誰に何を話したのか，たいがい覚えているのではないでしょうか。ですがＣさんは誰と何を話したのか覚えていないために，同じ場面になると同じ話をしてしまいます。

Ｃさんよりもさらに重い障害の方では，面接をしている最中に，「私はなぜここ（病院）にいるんですか」という質問を幾度となく繰り返したりします。健康な方ですと自分の状況の変化，例えば「会社から電車に乗って家に帰ってきた」という変化を逐一記憶していますから，いま家にいるという状況に対して疑問を感じません。

しかしそのような方は，状況の変化を覚えることができないために，不思議になって質問をしますが，その質問したこともすぐに消え去ってしまうためにまた質問をするという繰り返しなのです。

　Cさんと同じような症状は，前脳基底部だけではなく，視床という場所が障害された場合にも生じます（図1-2）。電気工事を専門とするDさんは脳梗塞によって視床の一部に損傷を受けた患者さんです。Dさんは自分の状況や家族の状況の変化が理解（記憶）できないために1日に何度も，家族もほとほと困ってしまうほど質問されるそうです。朝，目を覚ますと「あれはどうなった」「これはどうなった」と毎日のように聞いてくるそうです。また，Dさんにはお嬢さんがいるのですが，すでに高校を卒業しているにもかかわらず，まだ高校生のような気がすると言っています。また，病気になる半年前に請け負った仕事のことや，2年前に取引先が倒産したことなどもまったく覚えていないようでした。「官庁の何百万円もする仕事を落札していたんですよ」とか，「この建設会社はすでに倒産してしまったそうです」とこちらから報告すると，そのたびに驚きの表情を示していました。

　このような状態にもかかわらず，発症後，半年もすると何とか仕事に戻ることができるようになりました。最初は同業の奥さんと一緒に，そのうち近所ならば1人で行って帰ってくるようになったそうです。つまり電気工事の技術や工事に関わる判断力などは保たれていたのです。しかし2，3日すると，どこでどのような工事を行ったのかまったく覚えていませんでした。

新しく覚えることができないとは

　CさんやDさんはどのような症状なのでしょうか。まず，際立った特徴は，新しいことが覚えられないことです。自分が話したことや自分の新しい状況を覚えられないために，何度も同じことを話し

たり聞いたりしました。このように病気やけがをしたあとの新しいことが覚えられない状態を逆向性健忘に対して前向性健忘といいます（図1-2）。このような患者さんは、何でもかんでも覚えられないのかというとそうではありません。これは患者さんによって大きく異なるのですが、感覚様式（モダリティー）ごとに障害されることがあるのです。Ｃさんの場合、2週間前に会ったときの話の内容は覚えていませんでしたが、一緒に歩いた公園までの道順は非常に正確に覚えていました。少なくとも、言語的な内容を覚えることと、視空間的な内容を覚えることとでは、脳の違った領域に依存しているようです。最近の研究では、脳の左半球が障害された場合には、言語的な内容を覚えることがより困難となり、右半球が障害された場合には、視空間的な内容を覚えることがより困難となるようです（Tanaka & Obayashi, 2002）。

　この方たちの次の特徴は、日常場面や検査場面では知的な能力は障害されていないということです。これは老人になって起こる痴呆と大きく異なっている点です。アルツハイマー病などで知られる老人性の痴呆は、覚えることができない、いわゆる物忘れとして始まることが知られています。しかし痴呆の場合、物忘れだけではなく、実は、道に迷ったり洋服が上手く着られなくなったりするなどの記憶以外のさまざまな認知的な障害をともなっていることが知られています。一方、この方たちは記憶だけが障害され、他に何の障害もありません。ですから、皆さんがしばらくのあいだ会話をしたとしてもおそらくどこが悪いのか気づかないままでいるかもしれません。

　3つ目の特徴は、2人とも仕事に戻ることができたということです。このような障害を持った方が仕事に戻れるか否かは、本人や受け入れる側の状況によってさまざまですが、この方たちは幸いにも技能的な職業であったという点がよい結果をもたらしたと思われます。なぜ、技能的な職業だったらよいのでしょうか。

先ほども述べましたが，新しいことが覚えられないといってもすべてのことが覚えられないわけではありません。この方々は意識して覚えたり思い出したりすることが苦手なのです。とりわけ「いつ」「どこで」を覚える必要がある事柄，例えば「明日の3時に○○ホテルで取引先と打ち合わせがある」などを覚えることは非常に大変なことです。一方，意識して覚えたり思い出したりしない，いわゆる「体で覚える」ことは，手続記憶と呼ばれ，このような患者さんでは保たれていることが知られています。Cさんはコンピューター関係の仕事ですし，Dさんは電気工事の技術者です。コンピューターのキーボードを叩いたり，手順どおりエアコンを取り付けたりする作業はそのような手続記憶です。図1-2に示しましたように，前向性健忘が生じる部分がいくつか示されていますが，これとは異なった脳の領域で手続記憶が営まれていると考えられています。

　このように，私たちの脳は，各領域が分業することによって処理の効率を高めているのです。そしてまたそのために障害される領域によってさまざまな形の障害が生じるのです。

4. 今の自分を支えるもの

　Eさんは，ウイルスによって脳が炎症を起こし，海馬（かいば）と前頭葉（図1-2）に障害を受けた78歳の女性で，病前まで会社の役員として活躍していました（Midorikawa *et al.*, 2002）。この方が障害された海馬とは側頭葉の内側部にあり，前脳基底部や視床とともに記憶の重要な働きを担っているところです。この方の一番の特徴はやはり新しいことが覚えられないということですが，それにもまして昔のことを思い出すことが非常に困難な状態でした。最初調べたときは，おおよそ50年にわたって自分の過去のことを思い出すことができないことが確認されました。しかしもっと興味深いことは，自

分のことは思い出せないのですが，社会の出来事は非常によく思い出すことができました。30代の頃に第1子を出産した時の状況はまったく言うことができないにもかかわらず，同じころの世間の出来事，例えばミス日本は誰で，どのような人であるかは実に正確に言うことができました。このように最初に示したAさんとは違って，彼女は，過去のことをすべて失ってしまったわけではないようです。

　もう1つ驚かされたのは，彼女に年齢を聞くと10代後半や20代前半というのです。今何をやっていますかとたずねると，何と女学生と答えました。おそらく彼女にとっての「現在」は10代の自分であり，その10代の自分から見れば，当然，思い出せることは(50年以上も前の)女学生以前のことだということになります。それ以降の社会的なことは知識として語っているようです。私も含めて皆さんが経験したこともない「太平洋戦争」のことを話せるのは，見たり聞いたりして知識として知っているからです，同じように，彼女も世間の出来事は知識として話しているのでしょう。

　では，この方の10代の自分を現在の自分に修正できないものでしょうか。せっかく若い頃の気分に浸っているのですから，かわいそうかもしれませんが，何ぶん家族の方が非常に苦労していることもあって（何しろ学校に行くと言い出したりしますから），どうにかして修正してみることにしました。そのなかで一番効果があったのが，年齢を導き出す「引き算」です。いきなりEさんに向かってもう70代なんですよと切り出してもまったく取り合ってくれません。ですから，カレンダーを持ち出して，まず本人の生まれた年を書き出しました。そして今年が何年であるかを確認し，今年から生まれた年の引き算をしてもらいました。これだと不思議と納得してくれるのです。そうして出てきた数字に本人もびっくりしたようです。「えー，こんなおばあさんだったの」と心底驚いた様子でした。そしてこちらも驚いたのですが，それまでおっとりとしていた表情が

急にきりっと引き締まって会社役員らしい顔になりました。さらに驚かされたのが，本人の状況について尋ねたときでした。先ほどまで何をやっているかたずねると「女学生」と答えていましたが，修正したあとにたずねると，「会社の経理を少々」と病前まで行っていた仕事を正確に答えることができたのです。

まるで多重人格のように思う人もいるかもしれませんが，そうではありません。健康な人ですと本当の現在（例えば70歳でしたら70歳の自分から）を基準として10代の自分，20代の自分のことを思い出すことができるのですが，この方は，現在とのつながりが非常に弱いために，状況が変化すると10代，20代の自分になりきってしまい，現在の自分に戻れなくなってしまうようなのです。

5. おわりに

歯が痛い，足がしびれたなど何らかの変化がないと私たちは自分のからだが存在するということを意識しないものです。とりわけ認識の主体である脳の存在はなおさらだと思います。その存在を，私たちは患者さんのふるまいを通して見てきました。これまでいろいろな患者さんに登場していただきました。初めの4人の患者さんたちは，過去を失ったり，新しい過去を作り出すことはできませんでしたが，現在の世界と自分とはつながっていました。一方，最後の患者さんは，自分を現在の世界につなげることが困難でした。

今回は記憶の話に終始しましたが，同じ脳の病気やけがであっても侵される場所が異なることでさまざまな障害が生じます。物が見えなくなる（皮質盲），見えているのにそれが識別できなくなる（失認），聞こえているのに話が分からなくなる（感覚性失語）などのように外界を知ることができなくなることもあれば，手足が動かせなくなる（麻痺），動くのに意図どおりには動かせなくなる（失行），

話せなくなる(運動性失語)などのように外界に対して自ら働きかけることができなくなることもあります。私たちのまわりには実際にさまざまなものが存在しているはずですし,過去から未来に時間が流れているはずです。健康な人たちはそのことをごく当然のように感じているかもしれませんが,脳が障害されることによってそれらとのかかわりが失われてしまうのです。

　このように患者さんたちのふるまいを見ることによって,脳という臓器の存在,そしてその働きを知っていただけたでしょうか,また,その最大の機能が,時間や空間を越えて自分と世界をつなぐことだと分かっていただけたでしょうか。

【引用文献】

平山惠造・河村満　1993　MRI脳部位診断　医学書院.

石原健司・市川博雄・竹内透ほか　1997　ウイルス性脳炎回復期に認められた孤立性逆向性健忘の1例　臨床神経,**37**,509-513.

Kapur, N., Thompson, P., Evans J., et al.　2002　Can epilepsy-related phenomena unlock some of the secrets of long-term memory? Yamadori, A., Kawashima, R., Fujii, T, Suzuki, K. eds. *Frontiers of Human Memory*. Sendai : Tohoku University Press. pp. 137-150.

Manes, F., Hodges, J. R., Graham, K. S., et al.　2001　Focal autobiographical amnesia in association with transient epileptic amnesia. *Brain*, **124**, 499-509.

緑川晶・河村満　2002　てんかん発作を伴った記憶障害例　第26回日本神経心理学会抄録集.

Midorikawa, A., Suzuki, M., & Kawamura, M.　2002　A case study of autobiographical amnesia : The role of age-awareness. Yamadori, A., Kawashima, R., Fujii, T, Suzuki, K. eds. *Frontiers of Human Memory*. Sendai : Tohoku University Press. pp. 203-210.

Squire, L. R.　1987　*Memory and Brain*. New York : Oxford University Press(河内十郎訳　1989　記憶と脳　医学書院).

Tanaka, Y., & Obayashi, T.　2002　Memory and learning after unilateral hippocampal damage. Yamadori, A., Kawashima, R., Fujii, T, Suzuki, K. eds. *Frontiers of Human Memory*. Sendai : Tohoku University Press. pp. 183-202.

山鳥重　2002　記憶の神経心理学＜神経心理学コレクション＞　医学書院．

❁読書案内❁

◆V. S. ラマチャンドラン，サンドラ・ブレイクスリー　1999　脳の中の幽霊　角川書店．
　自分のなかに潜む不思議な自分について，患者さんのふるまいを通して明快な文章で解き明かしてくれます。

◆山鳥重　1985　脳からみた心　日本放送出版協会（NHKブックス）．
　記憶だけではなく言語，知覚などのさまざまな障害について，比較的平易に具体的な症状を示しながら紹介してあります。

◆山鳥重　2002　記憶の神経心理学　医学書院＜神経心理学コレクション＞．
　本章でふれてきたような記憶障害全般について記述されています。記憶障害についてより詳しく調べてみたい方にお勧めです。記憶と脳に関するこれまでの知見がほぼ網羅されています（より深く知りたい人のために）。

第2章
からだから見る心

　毎日生活しているなかで，私たちの心やからだの状態はさまざまに変化します。健康で元気なときはからだの調子もよく，心も浮き浮きして何となく楽しくなってきます。その逆に，風邪でも引いてからだの具合が悪いときには，少しばかり落ち込んで憂鬱な気分になったりもします。このように自分のからだの状態と心の状態は，きわめて密接な関係にあります。私たちにとって，からだと心は切っても切り離せないものだといえるでしょう。本章では，このようなからだと心との間の関係について，いろいろな角度から考えていくことにします。

1. からだと心の関係

からだについての言葉

「武者震いがする」とは，何か重大なことに取り組もうとするときに，緊張して思わずからだが震えたりすることをいいます。

「胃がキリキリ痛む」とは，嫌なことがあったり，不安が続いたりして，胃のあたりがキューっと縮んだように感じることです。

「頬を紅潮させる」とは，期待で胸がふくらんできて，頬が思わず上気したようになる様子を意味します。

私たちはこうした表現を日常的によく使いますが，それは単なる比喩でありません。私たちがある状況に置かれたときに生じてくる，実際の身体的変化を指しており，それぞれには固有の心理的な状態がともなっています。また，私たちはそうした身体的変化を日常生活の中で自分でも経験することがあります。自分自身の実体験を持っているので，このような言葉を聞いただけで，私たちはそのときの心の状態について推察することができるのです。

このように，私たちが日常的に使うからだの一部を使った言い回しには，いろいろなものがあります。「腹が座る」「腰が軽い」「肌が合う」「目を凝らしてみる」「肩の荷を下ろす」という具合に，挙げていけばきりがありません。

立川（2000）は，手とか足のようなからだの部位の名称を含んでいる言葉を「からだことば」と呼んでいます。私たちは，この「からだことば」を用いて，自分の心の状態をいいあらわしているということができます。

例えば，怒りの表現について考えてみましょう。立川（2000）によれば，怒りには次のような違った種類のものがあります。「腹がたつ」は，誰かに小言を言われたりして，「ああだこうだ」と自分

でも考える時間が経過したのちに、それがお腹に達したときの怒りを指します。「頭にくる」は、その小言が頭に届いてカチンときたときの怒りのことです。「むかつく」は、そのような時間経過なしに、さっと反応してしまうことであり、感覚的な言葉とみなせるのです。このように、怒りについての表現ひとつを取り上げてみても、私たちの心の状態のちがいは、異なるからだの状態としていいあらわされることが分かると思います。

心身相関

　誰もが、「お腹が痛い」という経験をこれまでに1度や2度はしたことがあると思います。ちょっと欲張って料理を食べ過ぎてしまったとき、寝冷えをしてしまったとき、風邪を引いて下痢気味になったときなどは、腹痛の原因は明確です。しかし、同じように「お腹が痛い」状態でも、原因がはっきりしない場合があります。

　例えば、幼児や小学校低学年の子どもが「お腹が痛い」と訴えることは、しばしば起こります。もちろん本当に腹痛のときもありますが、幼稚園や学校に行きたくないという自分の気持ちを「お腹が痛い」という表現で訴えているときもあるのです。小さい子どもが訴える頭痛や腹痛、下痢や嘔吐などの身体症状の背景には、さまざまな不安や不快な感情が潜んでいる可能性があります。こうした症状が発現する理由としては、この時期の子どもはまだ心身が未分化であり、自分の感情を十分にコントロールできないためであることが多いと考えられます。

　子どもだけでなく、大人でも、同じように、さまざまな精神的な原因によって、胃潰瘍や十二指腸潰瘍、高血圧、気管支喘息などの身体疾患が生じるケースがあります。このような精神的な原因がもとになって、身体的な症状が出現するものを総称して、心身症と呼んでいます。

表 2-1 子どもの心身症

	人数	%
気管支喘息	826	40.2
過換気症候群	498	24.2
蕁麻疹	497	24.2
胃潰瘍	179	8.7
頻尿・夜尿	604	29.4
反復性腹痛症	1051	51.1
神経性嘔吐症	556	27.0
過敏性大腸症候群	450	21.9
神経症	259	12.6
チック	619	30.1
爪かみ・指しゃぶり	712	34.6
その他	122	5.9
不明	907	—
合計	2057	

(注) 複数回答。%は合計に対する割合。

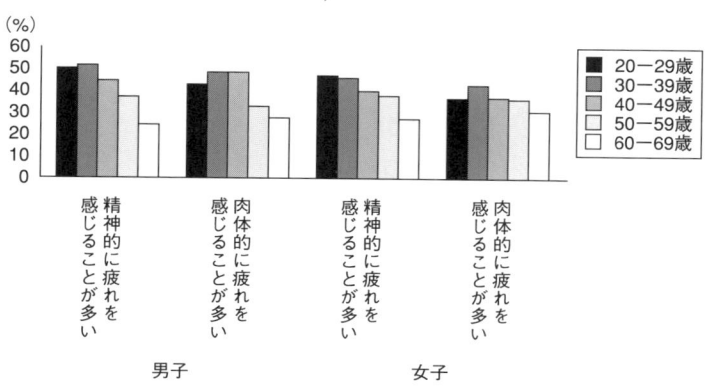

図 2-1 精神的疲れと肉体的疲れ

　表 2-1 に示したのは，内科・小児科などを受診した子どもの中で心身症と判定された人数です（全国保険医団体連合会，1990）。子どもの場合，腹痛や気管支喘息，チックや爪かみ・指しゃぶりなどの

症状が多いことが分かります。子どもにとっては，卒業や転校，家族の病気などによる生活の変化がストレスになって，それが身体症状として出現することもよくあります。からだにあらわれた心のサインを見逃さないことが大切だといえます。

また，図2-1には，20代から60代までの男女が，精神的な疲れと肉体的な疲れをどの程度感じているかを示してあります。この結果から明らかなように，成人における精神的な疲れと肉体的な疲れは，男性でも女性でも年齢とともにほぼ同じように増減しています。このことからも，心とからだの関連性の強さをうかがうことができるといえるでしょう。心の疲労はからだの疲労としてもあらわれ，からだの疲労は心の疲労にも反映されると考えられるのです。

2．からだと心，どちらが先か？

感情と身体的反応との関係

私たちは，心底からこみあげてくる怒りのために，思わず両手を打ち振るわせることがあります。また，深い悲しみのために，思わず涙を流すこともあります。このように，私たちは自らの感情にしたがって，さまざまな身体的な反応をあらわします。私たちの感情と身体的反応との間には密接な関連があることは，誰しも実感できるものだといえます。

それでは，こうした感情と身体的反応は，どちらが先に生じるものなのでしょうか。感情が先でしょうか。それとも身体的反応が先でしょうか。

この問題は，情動の起源をめぐる論争として，古くから議論の対象とされてきました。その一方は，情動の末梢起源説であり，他方は，中枢起源説です。コーネリアス（1999）に基づいて，この2つの理論を紹介してみることにしましょう。

```
常 識
```
知覚
恐水病のウッドチャック

↓

感情
恐れ

↓

身体反応
口の乾き，動悸，
手が汗ばむ

```
ジェームズ＝ランゲ説
```
知覚
恐水病のウッドチャック

↓

身体反応
口の乾き，動悸，
手が汗ばむ

↓

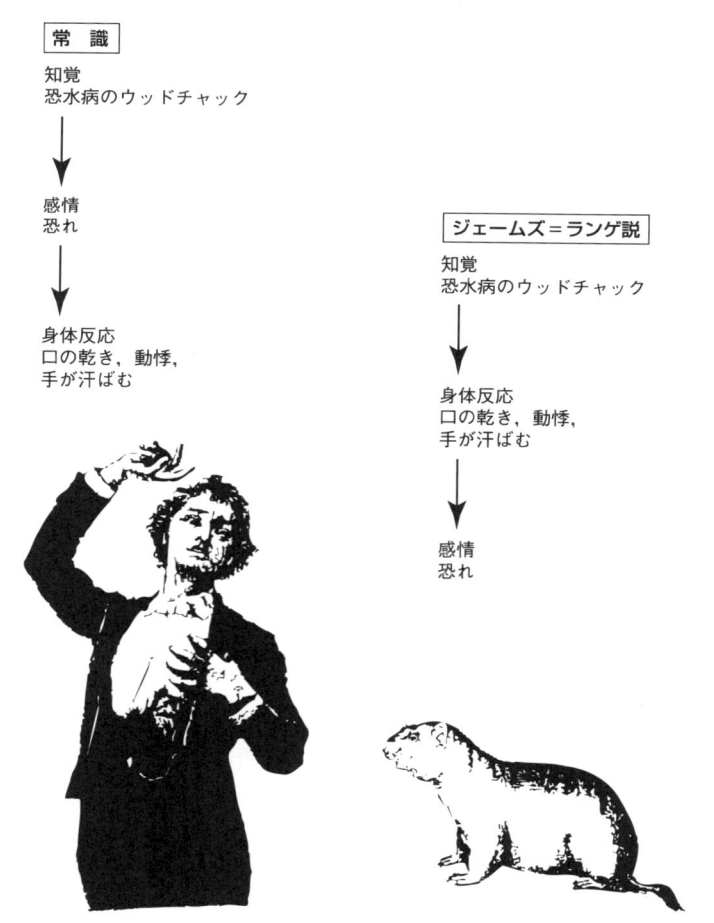

感情
恐れ

図2-2　常識とジェームズの感情理論の比較（コーネリアス，1999, p. 73）

　アメリカの哲学者で心理学者であったジェームズ（W. James）は，感情が起きるためには，それに先行する身体的変化が必要であると主張しました。図2-2を見てください。

　あなたは森の中を歩いています。そうすると，向こうから口を大

きく開けて歯をむき出しにしたウッドチャック（リス科の動物）が全速力で走ってくるのが見えました。その様子からすると、そのウッドチャックは、伝染病の一種の狂水病にかかっているようです。狂水病は、とても恐ろしい伝染病で、もし咬まれたりすると死んでしまうこともあります。あなたはそのことをよく知っています。ウッドチャックはますますあなたに近づいてきました。それを見て、あなたは口が渇き、心臓の動悸が強くなり、手には汗が出てきました。恐ろしい事態を目の前にして、交感神経系のはたらきが活発になって、危険に対して十分に対処できるような身体的な準備がなされたのです。このように、恐ろしい事態に出会うと、口の渇き、心臓の動悸、手の汗ばみなどの身体反応がまず生じます。そして、この身体変化が、次に、恐れの感情としてあなたに経験されることになるのです。

　このように、ジェームズは、身体的変化が感情に先行すると考えました。涙を流して泣くという身体的変化の結果として、悲しいという感情が生じるというわけです。

　それに対して、ハーヴァード大学でジェームズの学生だったキャノンは、まったく逆の方向での因果関係を提唱しました。キャノン（W. B. Cannon）は、強い恐怖、怒り、苦痛の際に生じる内臓などの身体的変化は互いに非常に似ているだけでなく、それらは喜び、悲しみ、嫌悪の感情が強いときの身体的変化とも似ていることに注目しました。そして、アドレナリンを投与して内臓の変化を引き起こしても、感情は経験されないという実験結果から、身体的変化が感情に先行しないと考えました。さらに、大脳皮質を除去されたネコがわずかの刺激に対しても激しい怒りの行動をあらわすことなどから、脳の視床下部が情動（感情）の中継点であり、感情は大脳皮質という中枢から生じると結論づけたのです。ただし、ここでネコが示しているのは、口を開いて歯をむき出したり、背中を丸めて毛

を逆立てたりしたりという,怒りの感情の行動的な表出です。その
ネコが実際に怒りの感情を経験しているかどうかは分からないとい
う問題点が残されています。

このように,ジェームズ=ランゲ説(泣くから悲しい)とキャノ
ン=バート説(悲しいから泣く)の論争は,その後,多くの感情研
究を引き起こしてきました。そして,コーネリアス(1999)によれ
ば,最近では,感情の発生における個人の評価を重視する認知説や
感情が文化の産物であると考える社会的構築主義説などへと発展し
てきています。

からだのリラックスと心のリラックス

長時間にわたって根をつめて仕事や勉強をしていて,少し疲れを
感じたときに,ちょっと気分を変えるために,散歩をするというよ
うな経験は誰にもあることでしょう。青空の下で,緑の木々を眺め
ながら歩いてから,家に戻ってもう1度仕事や勉強に取りかかると,
ずっと能率が上がったりするものです。

この例では,散歩したことによってからだの疲れが取れ,リフレ
ッシュすることによって気分転換がはかられ,新たな気持ちで仕事
や勉強に取りかかることができたということになるでしょう。

からだの疲労を取ってリラックスした状態になると,気分も落ち
着いてくるのは,肩をもんでもらったり,からだをマッサージして
もらったりした経験を持っている人ならば,誰もが分かると思いま
す。逆に,不安や緊張を感じていると,肩が凝ってきたりするもの
です。

心理療法の1つである行動療法では,筋弛緩訓練やリラクセーシ
ョンの手法をしばしば用います。一般に,筋肉を弛緩させると脈拍
数や血圧が低下することが知られています。自分で自由に筋肉を弛
緩させることができるようになれば,不安を引き起こすような刺激

が起きても，自分をリラックスさせていつでも不安を押し止めることができるようになるというのが基本的な原理です。

茨木 (1989) によれば，筋弛緩訓練によるリラクセーションは，腕・顔面・首・肩と背中の上方，胸部・腹部・背中，下肢の順で行われます。腕のリラクセーションについてのインストラクションは，次のようになります。

> できるだけ楽に座ってください。右手をぎゅっと握りしめてください。もっときつく握ってみましょう。その感じを覚えたら，手のひらを開いて，力を抜きましょう。

緊張した感じと弛緩した感じを交互に経験することで，だんだんと自分の意志でリラックスした状態を作りだしていけるようになるというわけです。私たちは，不安や緊張を感じたときに，それを引き起こす原因そのものを追求して，それを取り除こうとか，それから逃れようとか考えたりしがちです。しかし，場合によっては，軽い運動などによってからだをリラックスさせたりすることで，意外と気分転換できたりするものなのです。

3. からだにあらわれる心の状態

生理的指標にあらわれる心の状態

大勢の人前で話をしなければいけないとき，緊張や不安のあまりに心臓がドキドキした経験を持つ人は少なくないと思います。あるいは，スポーツの試合の応援をしている最中に，思わず興奮して手に汗をたくさんかいた経験を持つ人もいると思います。

このような心臓の鼓動や手の汗腺などの身体的な変化は，自律神経系の働きとかかわっています。自律神経系は，分泌線や心臓のよ

うな内臓の機能をコントロールしており，交感神経系と副交感神経系という2つの拮抗する機能を持ったものから成り立っています。交感神経系は，私たちが何か行動をするときの適度な緊張状態をもたらすのに対して，副交感神経系は，休息や傷害の修復などの安定した状態をもたらします。両者がバランスよく機能することによって，私たちの日常生活はうまく営まれていくのです。

先ほど述べた，心臓がドキドキするといった状態は，体内の血流量が増えて，やや興奮気味の状態です。それは，見ず知らずの人の前で話すという自分にとって大変な状況において，いつでも機敏な対応がとれるような準備状態を保っておくということでもあるのです。このように，交感神経系と副交感神経系のはたらきが互いに拮抗しながら，私たちの活動状態は保たれています。このバランスが崩れるのが自律神経失調症という病気です。頭痛，めまい，肩こり，動悸，嘔吐，下痢，倦怠感などのさまざまな症状が出現し，日常生活で何かに取り組もうとしてもどうにもならないという状況に陥ってしまうのです。

さて，このように自律神経系のはたらきによって生じる身体的な変化と心の状態とは関連性を持っています。興奮して，私たちが手に汗をかくとき，手の皮膚の電気抵抗が一過性に減少したり，活動電位（からだの組織や器官が活動するときに発生する電位）が発生したりします。この現象を GSR（皮膚電気反射）といいます。手のひらに電極をつけて電位の変動を記録することで測定することができます。GSR といっても何のことだか分からない人が多いでしょうが，ウソ発見器が登場したテレビドラマや映画を観たことがある人はかなりいると思います。ウソ発見器は，GSR の現象を利用して作られています。何かの事件にかかわった容疑者が，手のひらに電極をつけられるとともに，取調官の質問に対して答えていくという場面などを思い浮かべてください。出された質問に対して答えると

き，本当のことならばリラックスして答えられるけれど，ウソを答えなければいけないときには，緊張したり動揺したりして，手に汗をかき，その結果，電位が変化して違いがあらわれるという仕組みです。

　日常的にも，「冷や汗が出る」とか「冷や汗をかいた」という表現があるように，ウソがばれないかとヒヤヒヤしているときに，手足に汗が出てくることがあります。しかし，一方では，「しらを切る」ともいうように，平気でウソをつける人もいますし，同じ人でも時と場合によっては「ウソも方便」とばかりにウソをつけるときもあるわけです。したがって，実際には，GSR の結果を見ただけで，その人の言っていることがウソかどうかを 100 ％弁別できるというような単純なことではもちろんありません。

　ここでは，心の状態がからだの生理的なレベルでの変化と結びついていて，それを測定することによって心の状態がある程度の確からしさで推測できることもあると理解してもらいたいと思います。

顔の表情と心の関係

　「目尻を上げる」「眉をひそめる」「耳をそばだてる」「鼻が利く」など，「からだことば」のなかでも，顔の一部に言及したものが多く見られます。「顔に出る」という表現があるくらい，私たちの顔には，喜怒哀楽などさまざまな感情が表出されます。したがって，私たちは，誰かと話しているときに，顔の表情を見ることで，「暗い顔つき」「明るい顔つき」「さわやかな顔つき」「冴えない顔つき」などと判断していくことができるのです。

　それでは，逆に，顔の表情の方を変えることによって，気分が変わったり，気分を変えたりすることができるのでしょうか。落ち込んでクヨクヨしているときに，鏡に向かって笑ったり，「がんばろう」と言ったりして，気持ちを入れかえる努力をしたことのある人

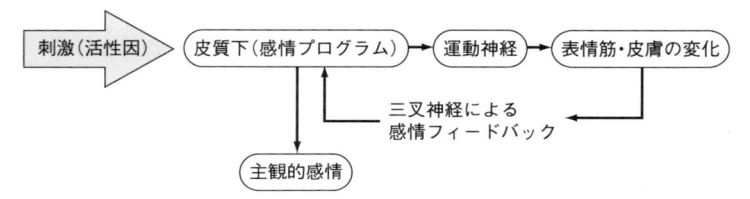

```
刺激(活性因) → 皮質下(感情プログラム) → 運動神経 → 表情筋・皮膚の変化
                    ↑                          │
                    │    三叉神経による          │
                    │    感情フィードバック       │
                    │←─────────────────────────┘
                    ↓
                主観的感情
```

図 2-3　トムキンスの顔面フィードバック仮説（余語，1993，p.136）

もいると思います。「空元気」かもしれませんが，笑顔の自分はちょっとした気分転換になることもあるでしょう。

　このように顔の表情が感情を引き起こすという考えは，トムキンス（S. Tomkins）の顔面フィードバック仮説として提出されています（余語，1993）。トムキンスによれば，顔面には非常に多くの感覚器と効果器があるので，顔や舌を非常に複雑にすばやく動かすことができたり，あるいは，外からの情報を受け取って，それを脳にフィードバックすることができます。トムキンスは，感情プログラムが遺伝的に組み込まれていると仮定しました。そのプログラムによって顔面の筋肉や腺の活動が引き起こされます。そして，それらの顔面筋の組み合わせによって作り出された顔の表情からのフィードバックが感情プログラムを活性化させることで，喜びや怒りなどの感情として意識されるのです（図2-3）。この考えによれば，何らかの方法で顔の表情を変化させることによって，異なる感情が導き出されるということになります。

　それでは，こうした顔の表情と心との関係は，実際の生活のなかでは，どのように生かされているのでしょうか。

　これまでの研究では，顔に対してマッサージなどを施すことによって，脈拍数の減少，緊張感の低下，快適感の増大が見られることが分かっています（阿部，1993）。マッサージを施さない統制群の結果と比較したとき，顔のマッサージはリラクセーションを生じさせ，

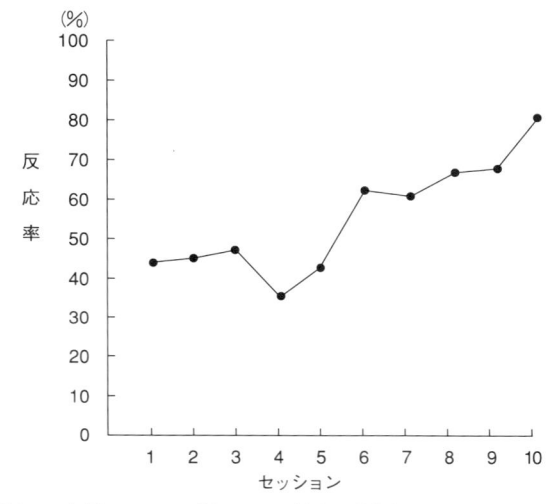

図 2-4　事例 B における問いかけに対する反応率（余語, 1993, p. 351）

安定した感情を引き起こすことにつながっていくと考えられています。

　また，浜・浅井（1993）は，統合失調症，うつ病，老人性痴呆症などによって平板化してしまった感情を活性化させるための方法として，化粧を利用したプログラムを開発しています。そのプログラムとは，化粧の専門家が，化粧を施すセッションを週1回，十数回繰り返すというものです。

　ここでは，統合失調症（37歳）のBさんの例を紹介してみましょう（浜・浅井, 1993）。Bさんは，20年以上の入院生活を送って日焼けしたり水仕事をすることが少ないためか，顔や手にしわがまったくなく，実際の年齢よりもかなり若く見えます。しかし，薬物による副作用のために顔にシミがあり，そのことを気にしているようでした。長い入院生活の中でメーキャップをする機会がまったくありませんでした。また，最初のうちは，統合失調症の特徴である感

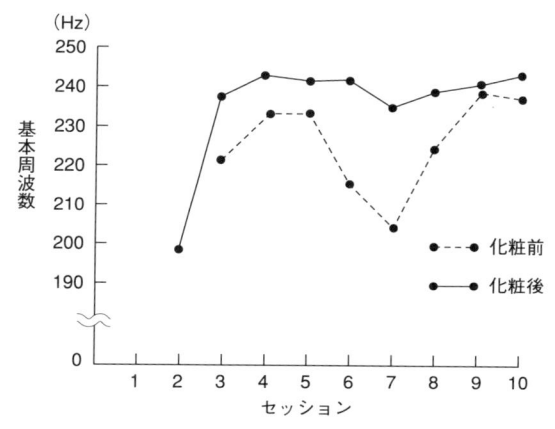

図2-5　事例Bにおける音声ピッチの変化（余語, 1993, p. 351)

情鈍麻，無関心，非疎通性が見受けられました。そうしたBさんでしたが，セッションが進むにつれて，図2-4に示されたように，メーキャップ施術者からの問いかけに対する反応率が上昇していきます。第6回目からは，メーキャップに対して「かわいい」と感想を述べたり，「ソバカスを取ってほしい」という自発的な要求を述べるようになりました。図2-5のように，化粧の後は，音声のピッチが高く安定していて，気分のばらつきを安定させるのに有効であると考えられました。

　余語（2001）によれば，こうした化粧を利用した自己活性化プログラムは，対象者が自分自身への関心を取り戻し，感情表出が豊かになり，行動の統制や自立を一定程度回復する効果があるとされています。

　伊波（2001）は，80歳以上の施設入所者とデイケア利用者を対象に，10セッション以上の化粧プログラムを実施した結果をもとに，化粧が高齢者の自立性と社会性をもたらすものだと考察しています。

　このような化粧の効果は，うつ病や統合失調症，アルツハイマー

型痴呆症など，自己認知のゆがみや感情の平板化を特徴とするような障害を持つ人に対して，感情を活性化させる方法として今後の発展が期待されているといえるでしょう。

これまで紹介してきた研究からは，表情を変えたり，化粧によって顔の様子を変えることで，自分の気持ちを新たにできるのだろうと考えられます。「笑う門には福来たる」ということわざは，まさにこのことをいいあらわしているのでしょう。

からだにあらわれる心の状態

「肩を落として歩く」「肩をいからせて歩く」「胸をはって歩く」同じ歩くという行動ひとつをとってみても，さまざまなヴァリエーションがあります。そして，それらの歩き方には，その人の心の状態がくっきりとあらわれています。

「肩を落として歩いている人」からは，がっかりして，意気消沈している様子が見てとれます。その人が，もしも自分の知っている友人だったとすれば，そばに近寄っていって，慰めてあげようという気になることでしょう。

「肩をいからせて歩いている人」からは，偉そうに周囲を見回して，自分は偉いんだぞとえばっているような様子が見てとれます。うっかり近づいたりすると，殴られたりするかもしれないので，なるべくそばには行かないようにしようと思うことでしょう。

「胸を張って歩いている人」からは，自信にみなぎった様子が伝わってきます。自分も，あんなふうに堂々とふるまってみたいものだという尊敬の念が湧くかもしれません。

このように歩き方ひとつをとって考えてみただけも，私たちのからだは私たちの心の様子について，多くのことを問わず語りに語っていることが分かると思います。

私たち人間は，そうしたからだの表現を芸術にまで高めてきまし

た。それは、バレーやダンス、パントマイムのような言葉を使わずに、自らの肉体だけ表現する芸術活動です。劇場やストリートで繰り広げられるそうした活動では、からだを通して心が表現されます。そして、観客は、からだの表現を通して、哀しみや喜び、おかしさや怒りの感情を受け取り、共感するのです。そこでは、心はからだという具体的な存在によって伝えられるのです。こうしたことから考えてみると、私たちのからだは、私たちの「こころ」以上に雄弁だといえるのではないでしょうか。

4. おわりに

　私たちは、心について考えるとき、目に見えないものとして想像してしまいがちです。しかし、実際には、私たちは生身のからだを持って生きており、ここまで見てきて分かるように、私たちの心は私たちのからだを通して表現されているのです。

　それに加えて、日常生活の中では、からだが心をコントロールしていくことがあります。私たちが何かに取り組もうとする前に、自らのからだが適度に緊張して準備状態が整えられます。課題を終えて休むときには、思わず背伸びをすることで、からだの力が抜けて自然とリラックスしたりします。

　このように、からだとは、あるときには心の状態を映し出し、そして、別のあるときには心を制御するはたらきを担っているのです。私たちは、からだから心を見るということを普段はあまり意識しませんが、そのことが持つ重要性を分かっていただけたでしょうか。

【引用文献】
阿部恒之　1993　マッサージによって変わる心とからだ　資生堂ビューティー
　　サイエンス社　化粧心理学　フレグランスジャーナル社　pp.7-17.

コーネリアス,R.R.（齊藤勇監訳）　1999　感情の科学　誠信書房.
博報堂生活総合研究所　1998　98年版生活定点　博報堂生活総合研究所.
浜治世・浅井泉　1993　メーキャップの臨床心理学への適応　資生堂ビューティーサイエンス社　化粧心理学　フレグランスジャーナル社　pp.346-358.
茨木俊夫　1989　行動療法2―筋弛緩訓練とリラクセーション―　原野広太郎編　性格心理学新講座第5巻　カウンセリングと心理療法　金子書房　pp.106-116.
伊波和恵　2001　高齢者の化粧　―化粧と社会参加―　大坊郁夫編　化粧行動の社会心理学　北大路書房　pp.136-147.
立川昭二　2000　からだことば　早川書房.
全国保険医団体連合会　1990　学齢期シンドロームを考える　日本総合愛育研究所編　1992　日本子ども資料年鑑　第3巻　KTC中央出版　p.205.
余語真夫　1993　メーキャップと感情表出　資生堂ビューティーサイエンス社　化粧心理学　フレグランスジャーナル社　pp.134-143.
余語真夫　2001　適応力としての化粧　大坊郁夫編　化粧行動の社会心理学　北大路書房　pp.124-135.

❀読書案内❀

◆竹内敏晴　1988　ことばが劈（ひら）かれるとき　筑摩書房.
　演劇教室を主宰する筆者が，からだをときほぐし，からだに気づくレッスンや，それを通した，からだとの出会いについて，その基礎にある思想を含めて書いた本。

◆かづきれいこ　2002　リハビリメイク　生きるための技　岩波書店.
　自らも顔のトラブルで長年悩んだ筆者が，メイク技術を磨き，医療とも連携しながら，顔のことで傷つき気力を失っている人にメイクを施すことによって，彼らの心の支援をしている様子を紹介した本。

第Ⅱ部

心のはたらき

第3章
ものを知るはたらき

バラの花を見たら「きれいだな」と思う人もいれば、「いやなものだな」と思う人もいます。ただそれが「バラの花だ」ということは、「きれい」「いやだ」の前に頭に思い浮かべられるのではないでしょうか。

もののとらえ方は私たちの活動に多くの影響を及ぼしております。それは上の例のように見たり聞いたりするときばかりでなく、自分がどのように行動しようかというときにも影響を及ぼしています。

この章では、このようなもののとらえ方の土台にある心のはたらきについて考えていきたいと思います。

1. 認知とは

　今からクイズを出します。私の目の前にある物があります。それを説明しますので、それが何であるのかを当ててください。
　「丸い形をしています」「赤い色をしてます」「果物です」「秋に採れます」「青森が有名です」
　答は分かりましたか。答はリンゴです。
　認知とは、それが何であるのかを説明できること、また最終的には「……である」ということが理解できることです。具体的には、目の前にあるリンゴを、前述のヒントのように「丸い形をしています」などと説明できることであり、またそれがリンゴであると理解できることです。つまり実際に何かを見せられたり聞かされたりした時に、それがどんなものであるのかを適切に説明ができることなのです。このことができるためには、2つのことが必要不可欠になってきます。それは対象の特徴をとらえるはたらきである知覚と、説明や理解に必要とされる、さまざまな物事に関する知識です。次にこの2つの点について考えていきましょう。

知覚と認知との関係

　まず知覚と認知との関係について見ていきましょう。知覚と認知との関係は、「見て知る」「聞いて知る」というように、段階的な関係になっています。つまり外観などの特徴が把握されて初めて、それがどのような物なのかを理解するというように、知覚の後に認知がなされるというような関係になっています。ここで再び先ほどのヒントの内容を見てください。最初の2つのヒントは「(リンゴ見た上で) 丸い形をしている」「赤い色」などと外観の特徴をいっています。このような説明は、知覚そのものを指しているようにも思

えますが，実際には違います。「見て知る」という視点で知覚と認知とを切り分けて考えると，この違いが明らかになってきます。なぜ切り分けられるのでしょうか。そもそも知覚とはどのようなことなのでしょうか。

「見て知る」ことに関して，形や色を他の物とは区別できることは視知覚と呼ばれます。知覚については，例えば「□△○×」を見せられたら，すべての形が異なっていると見分けられることをいいます。またそれは「C，M，V」のどれが似ているのかを聞かれたときに，同じ曲線でできている「C」を適切に選択できることでもあります。一方，それがどのような形・色をしているのか説明し，そのものの名前をいえることが視覚認知と呼ばれます。

つまり知覚とは外観の特徴だけを適切に見分けるだけの段階のことなのです。この点で知覚は，それが何であるのかを「説明・理解」する段階である認知と異なります。対象の特徴をとらえて，それが何であるのかを説明したときには，もうすでに認知が行われているのです。

認知に必要な知識

外界の物が知覚された後は，それが何であるのか，自分なりに理解される必要があります。その理解のためにはそれをいいあらわせる知識が必要となってきます。例えば，先ほどのクイズのように「丸い形」「赤い色」などの説明をし，最終的にそれが何であるのかを理解するためには，○を「丸い形」といいあらわすということを，またそれにはリンゴという名前がついているということを，私とあなたがともに知っているということが必要なのです。○をどのようにいいあらわしたらよいのか，またリンゴがどのようなものかを，どちらか一方がまったく分からないとしたらどうなるでしょうか。先ほどのクイズは成立しません。

私たちは，生まれてから今まで，さまざまなものを覚えるとき，それらをシンボル化して覚えています。その多くは，例えば○を「丸い形」という言葉の知識として覚えているばかりか，そういう呼び名にしましょうという社会的な合意を含めて覚えています。このような知識を持つことで，知ることが可能になるのです。認知とは，現在までの経験で得た社会的知識を使って，その対象を適切に位置づけることといえます。

2．知識の構造

知識はどのように覚えられているのでしょうか。生まれてから身につけてきた知識の量は，膨大なものです。これらの知識は，経験した順番通りの状態で頭の中に収まっているのではなく，整理整頓されて収まっており，またその整理のされ方は，使いやすいように蓄えられています。では実際にどのように蓄えられているのでしょうか。

コリンズとキリアン（Collins & Quillian, 1969）という心理学者が，次のような実験をしました。「カナリアは鳥である」「カナリアは動物である」という質問の真偽判断をさせたところ，前者の質問に対する回答の方が後者のそれよりも，短い時間で素早く判断を下したのです。同じような質問を数多くしたところ，次ページの図3-1のようになりました。

一番左に「カナリア」がありますが，その右には「黄色」「動物」という，カナリアとかかわりがある属性が示されています。カナリアから「鳥」へは1つ隣りですが，「動物」へは2つ隣りになるので，その分だけその知識同士に距離があるために，真偽判断に時間がかかるのです。これは知識同士がどれだけ密接に覚えられているかどうかを示しています。このことは，頭の中に蓄えられている場

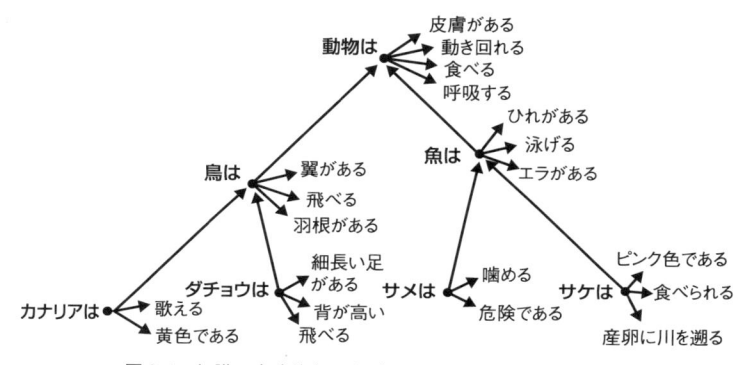

図 3-1　知識の意味的なつながり (Collins & Quillian, 1969)

所が近いと考えてもよいでしょう。すべての知識は、究極的にはさまざまなカテゴリーに分けられて、まるで図書館のように整然と知識が蓄えられているのです。

3. 認知のための経験の枠組み〜スキーマ〜

知識は、利用しやすいように整然と蓄えられていると述べましたが、それはカテゴリー的にまとめられているばかりか、日常のさまざまな問題に対処しやすいように、より組織化・一般化された状態でまとめられています。これはスキーマと呼ばれてます。

私たちは、普段の生活で出会うさまざまな状況を、自分の枠組みで常にとらえています。すべての事例・知識・経験を覚えていれば、それに合うかどうかだけを考えればいいだけですが、その場合新しい出来事に対処できませんし、覚える量が膨大また無限大になってしまいます。数々の経験を一般化し、それを構造的にまとめているスキーマによって、私たちは効率よく多くの事柄に対処していくことができるのです。

このスキーマは，知覚・記憶・行動などに大きな影響を及ぼします。ここではさまざまな例を挙げながら認知とスキーマとの関係について見ていきましょう。

知覚との関連

初めに知覚と認知との関連について見ていきましょう。まず次の図2を見てください。皆さんにはどのような言葉として読めますか。

図3-2の（a）を「ＴＨＥ　ＣＡＴ」，（b）の上を「12, 13, 14」，下を「A，B，C」と読んだ人が多いと思います。どちらの文字とも形のうえでは，つまり知覚の段階では同じ「H」や「13」であるととらえているはずなのです。しかし実際に認知されているのは，知覚されたものとは異なっています。

私たちは今までの経験を生かして，ものを知ろうとします。この経験というものは，単に知識だけでなく，前後の関係によってそれを判断するという，もののとらえ方も含んでいます。つまり与えられた内容の前後関係によって，同じ文字が「H」や「A」に，また「13」や「B」として理解されるのです。もちろん「A」や「H」の形を構成している線分そのものをとらえずに，「A」や「H」であるという認知が成立するということはありません。知覚することは，認知することの前提にあり，必要不可欠なことなのです。ただしアルファベットや数字をまったく知らない幼児などの場合は，

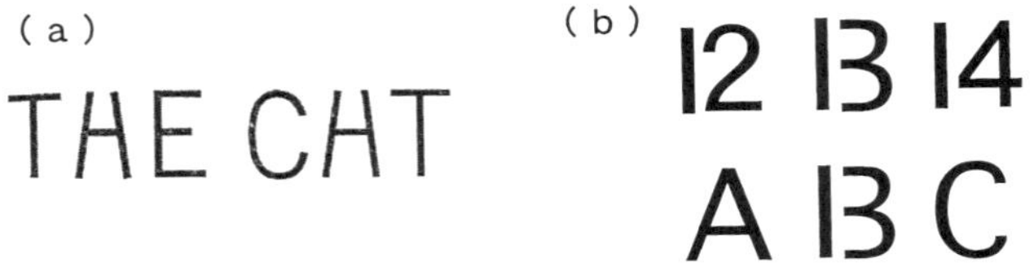

(a) THE CAT

(b) 12 13 14
A B C

図3-2　文字の認知に及ぼす文脈の効果 (Selfridge, 1955 による。Neisser, 1967 から引用)

「A」や「H」として認知されることはありません。

　同様の例ですが，「古ぼけた旅館に泊まったとき，壁に人が映っているのが見えた！……でも翌朝見ると単なる壁のシミだった」という場合も同様です。私たちは，特に何であるか曖昧なものを見せられたり聞かされたりしたときでも，それまでに蓄積した知識の枠組み（この場合は「古い建物には幽霊が出る？」）でとらえようするのです。

記憶との関連

　今度は，知識の枠組みが記憶にどのような影響を及ぼすのかを見ていきましょう。次の文章をすべて覚えることができますか。じっくり読んでみてください。

> 　その手順はまったく簡単である。まず，ものをいくつかのグループに分ける。もちろん，ひとまとめでもよいが，それはやらなければならないものの量による。すなわち，1度に多くやり過ぎるよりも少な過ぎる方がよい。（中略）最初は，その全体の手順は複雑に思えるかもしれない。しかし，すぐにそれは生活のほんの一面になるであろう。近い将来この仕事の必要性がなくなることは予想しにくいが，誰も何ともいえない。その手順がすべて終わった後で，ものを再びいくつかのグループに分けて整理する。次にそれらは適当な場所にしまわれる。結局それらは再び使用され，その全体のリサイクルは繰り返される。ともかく，それは生活の一部なのである。
> 　　　　　　　　　　　　　　　　　　　（Bransford & Johnson, 1973）

　どうでしょうか。覚えられたでしょうか。何のことかさっぱり分からない人も少なくないことでしょう。これは「洗濯」についての文章なのです。もう1度，先ほどの文章を読んでみてください。今

度はどうでしょうか。少しは分かりやすくなりましたか。

　この文章が何を意味しているのかというスキーマがあらかじめ教えられれば，より容易に覚えられます。このようなスキーマの影響は覚えることばかりではありません。思い出すことにも影響を及ぼします。

　伝言ゲームを考えてみてください。何度も伝えられるにつれて，内容が最初のものとは異なってしまいます。その変化の仕方を調べてみると，最初の頃は部分的には正確に内容を伝えることができるのですが，後になればなるほど自分にとって理解しやすい内容へと変化してしまいます（Bartlett, 1932）。私たちは，曖昧なものを，自分のスキーマに合致するように，つまり自分にとって分かりやすいものにして理解しているのです。

　このようにスキーマは理解を容易にするという利点がありますが，上述の伝言ゲームの例から推察されるように，スキーマがかえって適切な理解を困難にしてしまうという点もあります。次の節では，このスキーマの問題点に注目し，知覚・記憶以外の心理機能との関連について見ていきましょう。

課題解決過程との関連

　スキーマがあるということは，認知をすばやく行えるという利点がありますが，それまでの自分の枠組みでのみ物事をとらえようとしてしまい，柔軟性に欠けてしまうという問題もあります。例えば「ローソクの問題」（Duncker, 1945）は，そのよい例を示しています。実際に図3-3（A）の中にある材料だけを使ってローソクを壁に取り付け，上手く灯るようにするためには，どのようにしたらよいのでしょうか。答えは図3-3（B）に示してあります。

　この課題に取り組んでみると，多くの人たちは，問題の中の「物品」に特有である一般的な使い方のみが頭に浮かんでしまい，それ

(A)　　　　　　　　　　　　(B)

図 3-3　ローソクの問題

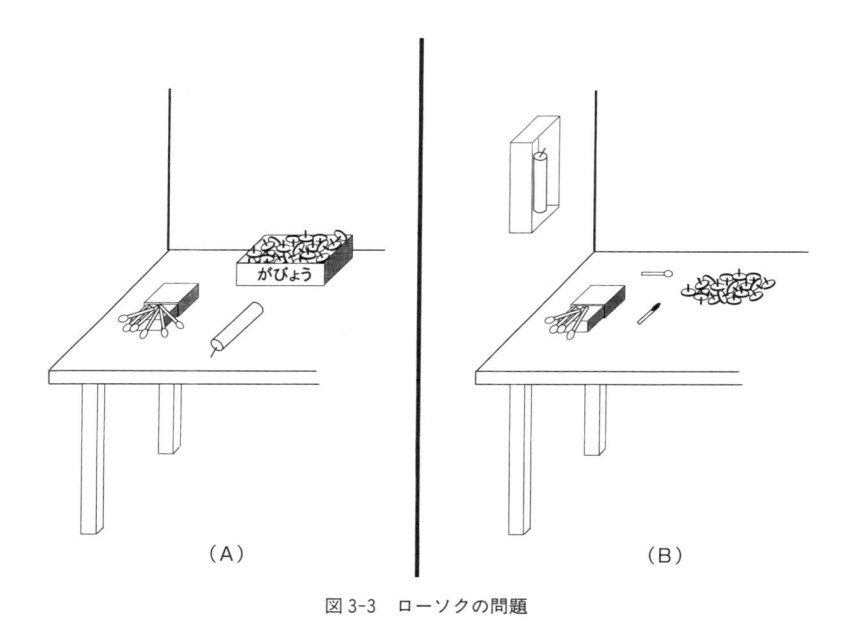

以外の思いもよらない使い方には，なかなか気づかないものです。

　また私たちは，ある特定の解決方法が何度もうまくいくと，その後の同様の問題にも機械的に適用してしまい，本来なら容易に解くことができる問題であっても解きにくくなってしまうということがあります（Luchins, 1942）。1つの例を挙げてみましょう。表 3-1 は，2～3つの計量カップ（表左列）を使って一定の水を得ようとする（表右列）8つの問題を示しています。問題1は，29 クォートのカップで水を注いだあとに，3クォートのカップで3杯分汲み出すと，目的の水の量 20 クォートになります。問題2は，127 クォートのカップで水を注いだあとに 21 クォートのカップで1杯，3クォートのカップで2杯汲み出すと 100 クォートになります。ではその後の問題も順番通りに解いてみてください。

表 3-1 計量カップの問題

問題	水差しの容量 (クォート単位)			得たい水の量 (クォート単位)
1	29	3	—	20
2	21	127	3	100
3	14	163	25	99
4	18	43	10	5
5	9	42	6	21
6	20	59	4	31
7	23	49	3	20
8	15	39	3	18

ここでタネ明かしをすると，問題8では小さいカップで水を汲み出すという手続きを経なくても目的の量になります。

このように，最初に，あるスキーマを適用してしまうと，適切に別のスキーマを用いることは難しいことを示しています。

日常の行為との関連

日常生活で自動化された行為のスキーマ，つまり気づかないうちに行ってしまう一定の行為について考えていきましょう。

> かつて私が今よりも頻繁に往診していた頃，患者の家の前に来てノックをするか呼び鈴を押すべきなのに，自分の家の鍵をポケットから取りだしてしまい，非常に恥ずかしい思いをしながら，それをふたたびポケットに戻すということがよくあった。　(Freud, 1901)

この例を精神分析学者のフロイト（S. Freud）は，「為損いをしてしまう患者の家にたいする敬意をあらわして（おり）……そのような錯誤行為が起こるのは，私がその患者に好意を抱いている場合にかぎられていた」というように，行為における無意識の影響を強調しています。つまり自分自身にとって，習慣化された行為ほど，そ

```
        途中の行為は同じ内容・順番

┌─────────┐  ┌──────┐ ┌────────┐   ┌──────────────┐
│ 学校へ行く │  │家を出る│→│電車に乗る│ ↘ │学校そばの駅で、│
└─────────┘  └──────┘ └────────┘ ╳ │電車を降りる   │
                                  ╱  └──────────────┘
┌─────────┐  ┌──────┐ ┌────────┐ ↗ ┌──────────────┐
│買い物へ行く│  │家を出る│→│電車に乗る│   │デパートそばの駅で、│
└─────────┘  └──────┘ └────────┘   │電車を降りる   │
                                     └──────────────┘
```

　━━━▶ アクションスリップ起こすときの行為の流れ

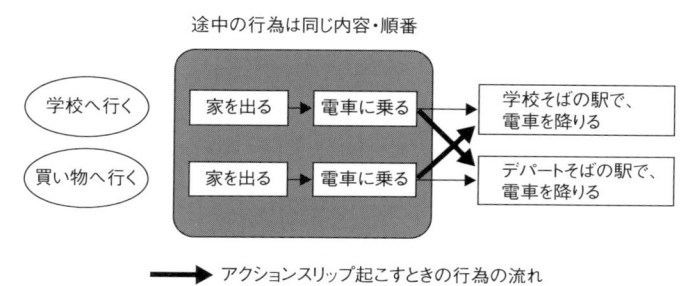

　　　　図3-4　行為スキーマが類似したときのアクションスリップ

の状況によく使われるスキーマを無意識的に，つまり自動的に適用してしまうのです。以下のような例も，同じ説明ができます。

　　　日曜日に買い物に行こうとして電車に乗ったのはよいが，気がつくと学校のそばの駅で降りようとした。
　　　砂糖入れにふたをしようとして，かわりにコーヒーカップにふたをかぶせてしまった。

　私たちの行動は，そのほとんどが「いつもの」行為をすることで成り立っており，それが行為スキーマとして身につけています。ただ「いつもの」行為なので，その行為スキーマによって自動的に行為が行われます。上述のような誤りは，特にアクションスリップ（為損ない）と呼ばれます（Norman, 1988）。これは，行為スキーマの類似性から生じたり，外界の出来事がその行為を自動的に引き起こしてしまったり，自分の考えや行為が意図していなかったことを思い出すことで生じたりします。図3-4は，先ほどの例を図示したものです。「学校へ行く」ことと「買い物へ行く」こととの途中の行為の流れが同じために，スリップが生じるのです。

　これらの間違いは普段は意識せずに行われてしまうため，日常活

動に多くの問題を生じさせる可能性があります。

　この種の研究では、間違いやすいのはどのような状況なのかという点から、日常生活のなかの環境としての良いデザインを作ることに用いられています。

4. スキーマを上手に利用する仕組み

　上述のように、スキーマは認知活動を促進したり阻害したりしてしまいます。認知活動を促進する分には日常生活に支障をきたさないのですが、何らかの障害があっては困ってしまいます。例えば、今読み進めている行が終わってから次の行へと読み進めるのが適切なのですが、間違って1行空けて読み進めようとしたときを考えてみてください。なぜ間違ったと「気づく」のでしょうか。それは話の流れが遮られてしまった、つまりそれまで読み進めてきた作り上げられた内容のスキーマとは異なると気づくからに他なりません。それには自分自身の行動に対する注意能力が強くかかわっています。そのスキーマと注意とは、どのような関係になっているのでしょうか。図3-5のモデルは、現在仮定されている仕組みをあらわしています。

　まず左側の知覚の段階で特徴などが検出されます。その後の段階で、認知に必要とされる知識が引き出されます。ここでは知識がひとつひとつ想起されるのではなく、スキーマとして1度にいくつも想起されます。注意は、それが適切かどうかを監視する役目を担う部分になっています。注意には、新しい状況に対処するために一連の行為スキーマを新たに作る際、それをきちんと見届けるという働きもあります。

　ただしこのモデルには、問題点もあるのです。それは「監視する」仕組み、つまり注意そのものの構造です。これは自分の中に、

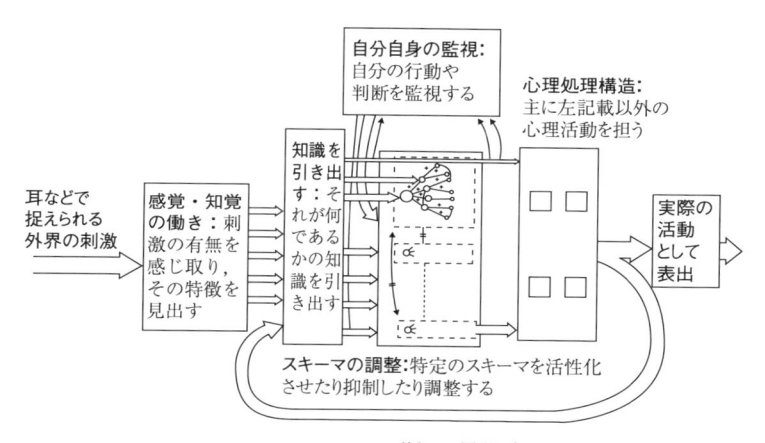

図 3-5 スキーマと注意との関係 (Norman & Shallice, 1988)

注) ○図形は個々のスキーマーをあらわす。

自分自身の行為が適切であるかどうかを監視しているもう1人の自分を仮定しているものだからです。ここに問題が生じてしまいます。それはそのもう1人の自分を監視しているのは……というように堂々めぐりになってしまう可能性があるためです。この点は現在でもさまざまな議論の対象となっており，明らかにされてはいません。

ただ，もう1人の自分を仮定するということは，ある意味妥当な考え方でもあります。それはなぜでしょうか。さまざまな知識が獲得されていくには，自分自身の行動などをうまく調整できるようになることが必要だからです。次の節ではその点について考えてみることにしましょう。

5. スキーマを調節する能力の源泉

私たち認知の方法をどのように獲得してきたのでしょうか。ロシアの心理学者であるヴィゴツキー (L. S. Vygotsky) は，自分自身

を調節するというような高次精神機能は、他者との共同作業のやり取りを自分自身に取り込んでいくことで獲得されるとしています。まず具体的な例を挙げて考えていきましょう。

ロゴフら（Rogoff, 1993 ; Gauvain & Rogoff, 1989）は、「（仮想の町や店の地図を使用して）ある一定の買い物をしなさい。その際、できるだけ最短の距離で物事を行えるように計画を立てなさい」という課題を与えて、共同作業の特徴を2つの点で明らかにしています。1つ目は、自分よりも能力の高い者と作業の役割を分担しながらともに取り組むことで、あとで自分1人で解いたときの計画を立てる力が向上できること、もう1つは、共同して問題を解いていく際に、相手のさまざまな批判や質問に答えることで、自分自身の理解を深めていくということです。ここでは2つ目の点が特に重要です。このような共同作業の過程のなかでは、例えば一方が実際に課題を行う役割を担い、もう一方がそれを評価する役割を担うというような役割分担をしながら課題を解決していくこともあります（Miyake, 1986 など）。このような経験をすることで、適切な、問題の解き方、ものの見方などを獲得していくのです。

私たちは常にさまざまな人々と共同して作業によって、自分の行動に対する評価や理解の仕方などのさまざまな他者の視点を、最終的には自分の中に取り込み、その後に作業を1人で行うときにその時の視点を利用できるのです。これは、つまり他者が自分の中に存在するものとして、自分自身の行動を適切に調節するはたらきを担っているといえるのです。

6．おわりに

認知は私たちの経験の産物である知識と強くかかわっています。スキーマと呼ばれる知識の枠組みによって、さまざまな物事を理解

していますし,それに基づき行動もしています。認知過程は,スキーマを形成するための知識の獲得過程であり,またスキーマの運用過程であるといえますし,それらを含めた理解の過程であるといえます。

　私たちは,特定のスキーマをあるときは自動的に適用してしまうため,そこから問題が生じる場合もあります。しかし多くの場合自分自身の枠組みに注意を向けて適切に状況を理解しています。また枠組みを作り上げるためのさまざまな知識を自ら増やしながら,また他人からのさまざまな関係のなかから,それらをうまく修正しながらさまざまなものを理解していっているのです。

【引用文献】

Bartlett, F. C. 1932 *Remembering*. Cambridge University Press.

Bransford, J. D. & Johnson, M. K. 1973 Considerations of some problems of comprehension. In W. G. Chase (Ed.), *Visual information processing*. Academic Press.

Collins, AM. & Quillian, MR. 1969 Retrieval time from semantic memory. *Journal of Verbal Learning & Verbal Behavior*, 8, 240-247.

Duncker, K. 1945 On problem solving. *Psychological Monographs*, **58**.

Freud, S. 1901 Zur Psychopathologie des Alltagslebens. *Monatsschrift fur Psychiatrie und Neurologie*, **10**. (池見西次郎・高橋義孝訳　フロイト著作集4：日常生活の精神病理学他　人文書院).

Gauvain, M. & Rogoff, B. 1989 Collaborative problem solving and Children's planning skills. *Developmental Psychology*, **25**(1), 139-151.

Kanizsa, G. 1979 *Organization in vision : Essays on Gestalt perception*. Praeger. (野口薫監訳　視覚の文法：ゲシュタルト知覚論　サイエンス社)

Luchins, A. S. 1942 Mechanization in problem solving. *Psychological Monographs*, **54**.

Miyake, N. 1986 Constructive interaction and iterative process of understanding. *Cognitive Science*, **10**. 151-177.

Norman, D. A. 1988 *The psychology of everyday things*. Basic Books Inc. (野島久雄訳　誰のためのデザイン？：認知科学者のデザイン原論　新曜社　1990年).

Rogoff, B. 1993 Children's guided participation and participatory appropriation in sociocultural activity. In Wozniak, R. H., & Fischer, K. W. (eds.) *Development in context*. Lawrence Erlbaum Associates.
Shallice, T. 1988 *From neuropsychology to mental structure*. Cambridge University Press.
Selfridge, O. G. 1955 Pattern recognition and modern computers. *Proceedings of the Western Joint Computer Conference*, LosAngels.
Vygotsky, L. S. 1978 *Mind in society*. Harvard University Press.

読書案内

◆乾・高野・大津・市川・波多野編　1995-1996　認知心理学1〜5　東京大学出版会.

　　人間の「知」のはたらきを「知覚と運動」「記憶」「言語」「思考」「学習と発達」という視点からまとめている。専門書ではあるが，さらに深く「認知とは何か」を知るためは良書である。

◆吉村浩一　2001　知覚は問題解決過程：アーヴィン・ロックの認知心理学　ナカニシヤ出版.

　　どのように知覚と認知とが結びついているのかについて，視知覚過程に注目し，その研究の歴史・問題点について具体的な事例を挙げながら解説がなされている。

◆安西祐一郎　1985　問題解決の心理学　中公新書.

　　私たちは，日常のさまざまな問題を解いていくとき，どのような考え方をしているだろうか。数多くの例を挙げながら，その解決のプロセスについてまとめてある。

第4章
自分の過去の体験を思い出す

　私たちは皆，過去の思い出を持っています。

　しかし，当然のことながら，人は自分が体験したことをすべて覚えているわけではありません。確かに体験したはずなのになかなか細かいところまで思い出せないことがあります。その一方で，今目の前であたかも再現されているかのように鮮明に思い出される出来事があります。これはなぜなのでしょうか。また鮮明に思い出される体験，これは果たして本当に正確な記憶なのでしょうか。

　この章では，過去の体験を思い出すことの意味について，記憶や回想という点から考えてみたいと思います。

私たちはふだんの生活の中で、ものを覚えることもしくはその覚えている内容などを漠然と記憶と呼んでいます。厳密にいうと記憶にはさまざまな種類があるのですが、その中の1つに、エピソード記憶と呼ばれる記憶があります。

エピソード記憶とは個人的な体験やさまざまな自分にまつわる出来事に関する記憶で、例えば高校を卒業したときに友だちと卒業記念旅行をしたといったような、ある時間と場所において経験されたものの記憶です。ここではさまざまな記憶の中でも、自分自身に関する記憶ともいえるエピソード記憶について述べていこうと思います。

1. 過去の体験はどのように記憶されているのか

まず最初に、私たちは自分の過去を、何を手がかりにして思い出すのかについて見ていきたいと思います。ワーゲナー（Wagenaar, 1986）は以下のような研究を行い、自分自身の過去の出来事の記憶のされ方と思い出し方について検討しました。

ワーゲナーは自分自身に起こった出来事を6年間にわたり日記に書き続けました。そして、そこに書きとめられた過去の出来事の「誰が・何を・どこで・いつ」の4つの側面の中で、どれが過去の出来事を思い出すときに有力な手がかりになるのかの検討を試みました。

つまり、過去に「2002年3月20日、弟が公園で犬をひろった」というような出来事があった場合、このことを思い出すのに「弟が・犬を・公園で・2002年3月20日」という4つの手がかりのうち、どれを与えられた場合に一番記憶がよみがえりやすいかということを調べたのです。

その結果、「1何が・2どこで・3誰が・4いつ」の順序で、有

力な手がかりになりうるということが分かりました。一方,「いつ」は,ほとんど過去を思い出す手がかりにはなりませんでした。確かに,「2002年3月20日に起こった出来事を思い出しなさい」と言われてもすぐに答えられる人は少ないでしょう。ほとんどの出来事は記憶の中で日付順に収められているのではなく,「何が」という分類をもとにしてまとまっている可能性が高いことが分かりました。

しかしその一方で,小学校入学,卒業,受験,就職,結婚などといったような特別なランドマークになるような出来事は,正確な日付とともに記憶されることもあります。そして先ほどの「2002年3月20日,弟が公園で犬をひろった」という出来事は,日付までは思い出せなくても,例えば,あれは卒業式の少し前だったなというようなだいたいの時期は覚えているものです。このように,自分の過去の体験のなかでもランドマークになるような大きな出来事を時間軸として,これとの前後関係で,その他の出来事を整理し記憶しているのではないかと考えられています。

2. 何が記憶に残るのか? またそれはなぜか?

私たちは,一般的には「何が」起こったかという出来事の内容を手がかりにすると過去の体験を思い出しやすいこと,特別な出来事に関しては日付を言われただけでもその体験が思い起こされることもあるということが分かりました。

では,この「特別な出来事」のように記憶に鮮明に残る出来事とそうではない出来事があるのはなぜでしょうか。この謎を解く手がかりはフラッシュバルブメモリーに隠されているようです。

フラッシュバルブメモリーとは,カメラのフラッシュをたいて撮影された写真のように,体験された出来事が鮮やかに記憶される現象のことです。この現象に関する研究を見てみましょう。

1963年11月22日，アメリカ合衆国の大統領ジョン・F・ケネディ（J. F. Kennedy）がダラスで撃たれ，暗殺されました。この事件は当然のことながら当時のアメリカの中の国民に大きな衝撃を与え記憶されました。ブラウンとカーリック（Brown & Kulik, 1977）は13年後の1976年，この事件を含む9つの重大な事件に関して白人アメリカ人（20～54歳）40名と黒人アメリカ人（20～60歳）40名に対して2つの質問をしました。1つはその事件を自分が初めて聞いたときの状況を思い出せるか，思い出せるとしたらそれは具体的にどのような状況だったか記述させるというものです。2つ目は，その事件がその後の自分の生活にどの程度影響を与えたかについて，その度合いを評価させるというものでした。

その結果，ケネディの暗殺に関しては80人中79人もの人が，この知らせを聞いたときに自分が何をしていたかをハッキリと思い出し，記述することができました。つまり，衝撃的だった事件を聞いたというその強烈な体験だけではなく，そのときに自分が同時に行っていた体験についても鮮明に思い出せることが明らかになったのです。そして，この事件に関しては白人も黒人もほぼ同じ割合でフラッシュバルブメモリーとして記憶していました。

しかし9つの重大な事件のうち，黒人指導者マーチン・ルーサー・キング（M. L. King）牧師の暗殺事件をはじめ，マルコムX（Malcom X），ジョージ・ウォーレス（G. Wallace）など，黒人アメリカ人の地位向上もしくは阻止に深くかかわった人物に関する事件は，白人よりも黒人の方がより多くフラッシュバルブメモリーとして覚えていました。そしてこれらの事件については黒人の方が白人よりも，その後の自分の生活により強い影響を与えたと答えました。このことから，その事件自体が強烈な印象を持っているというだけでなく，自分自身にとって重要であればあるほどそれはフラッシュバルブメモリーになりうるのだということが明らかになりました。

実は，この「自分の生活にとって影響を与えるような出来事が記憶されやすい」ということは必ずしもフラッシュバルブメモリーにのみ当てはまることではありません。人は，長い人生の中のさまざまな体験の中で，つい最近に起こった出来事を別にすれば10歳代から20歳代にかけての出来事についてもっともよく記憶しているといわれています。これはなぜかを考えてみましょう。

　10歳代から20歳代というのは，受験や入学，就職，結婚などというこれまでの生活に大きな変化をもたらすような出来事が多く起こる時期です。そして，たいてい誰もがその変化した新しい環境になるべく早くとけ込もうという努力をします。新しい環境に適応するためには，まずその新しい環境に関する情報を集め，自分の中に取り込み身につける事が必要になってきます。そのために有効なのが，新たに体験したことを詳細に記憶し繰り返し頭の中に思い浮かべることです。

　例えば大学に入学した後は，それまでの高校生活とは異なる自分が教室を移動するという授業の受け方，学生食堂で食券を自動販売機で購入してから列に並ぶなどの毎日の大学生活でのルール，そして新しくできた友だちとのやり取りなどを何度も思い浮かべるのです。そして新しい環境の中でスムーズに行動できるような知識をその中から取り出し，それに沿って自分の行動を調整します。これが何度も繰り返されることにより，数年後さらには数十年後に自分の過去を振り返ったときに，結果としてこの時期の記憶が他の時期に比べて鮮明に思い出されやすいということになるのです。

3．思い出される体験は真実なのか？

　このように基本的に，人間が自分の体験を記憶するのは，その記憶がその人自身にとって必要だからだと考えられています。

では、その人の体験の記憶というものは、常に正しいのでしょうか？　以下のロフタスとパーマー（Loftus & Palmer, 1974）の実験は、交通事故の目撃証言がいかにあいまいであるかについて示したものです。

ロフタスは、大学生の被験者に2台の車が衝突する交通事故を写したフィルムを見せて、その後その2台の車がどのくらいのスピードで走っていたと思うかたずねました。このとき、ある被験者は、車が「当たったとき」どのくらいの速度で走っていましたかという表現で質問され、また別の被験者は、車が「激突したとき」どのくらいの速度で走っていましたかとたずねられました。その結果、前者の答えの平均速度は時速約54キロだったのに対し後者は時速約65キロでした。同じフィルムを見ていたにもかかわらず「激突」という単語を用いて質問された被験者の方が事故の瞬間の速度を10キロ以上速く想像したのです。また、1週間後同じ被験者に対して「あなたはフィルムの中で割れた窓ガラスを見ましたか」という質問をしました。その結果、車が「激突した」という表現を用いられていた被験者の方が「当たった」という表現を用いて質問を受けていた被験者よりも2倍以上多く、割れた窓ガラスを見たと答えました。しかし、実際には窓ガラスは割れてはいなかったのです。

ロフタスは、思い出す過程は情報を取り出す過程ではなく、情報の一部を用いて構成する過程であるといっています。質問を受ける際に「激突」という言葉を用いられた被験者は、実際に見たフィルム映像の情報だけではなく、そこに新たに「2台の車は激突した＝ものすごいスピードを出していた」というあとから得た情報をつけ加えて事故の目撃体験を再構成したために、事実とは異なる記憶を報告してしまったのです。このように、私たちは目撃した出来事を記憶するときに、実際に体験した情報とその後に得た情報とを合わせて1つの体験として記憶するため、あとで思い出したときにその

内容は変容してしまっていることが多いと考えられています。そう考えると，例えば裁判における証言なども，一般に考えられている以上に慎重に扱う必要があるということになります。このような場合の証言の正確さというのは，本人の自分の証言に対する確信の度合いとはまったく関係がないということも分かっています。

4. 過去の体験を自分の中で変容させることの意味

　このように，人間の過去の体験の記憶というものは必ずしも正確ではなく，むしろ本人もあまり意識しないうちにいろいろな情報を取り入れ，その上で再構成されるものだということが分かりました。記憶が再構成されてしまうというこのはたらきは，裁判における証言のように事実としての確からしさが問われるような場合には信憑性を欠いたものとして見られてしまいます。しかし，このはたらきはマイナスの面しか持たないのでしょうか。答えはノーです。このことについて，高齢者にとって昔の体験を思い出すこと，すなわち「回想」がどのような意味を持っているのかを例に挙げて，記憶が再構成されることの意味について考えていきます。

　あなたのまわりには，自分が若かった頃のことばかり何度も繰り返して話している人がいないでしょうか？　また，よく"年寄りの繰りごと"などといって，歳をとったら同じ話を何度も繰り返すようになるという話を耳にしたことはないでしょうか。

　1960年代に入るまで，一般的に高齢者が昔のことを思い出すということはあまり良いことだとは思われていませんでした。年をとると記憶力をはじめとしていろいろな機能が低下し，日常生活が今まで通りスムーズにはいかなくなったりします。そのような場合に，せめて自分の人生の中で一番良かった頃を思い出して昔の思い出にひたり，現在の辛さからのがれようとしているのだろうと考えられ

ていました。つまり現実逃避の一側面でしかないととらえられていたのです。また年をとると若いときほど最近のことはあまり記憶できなくなってしまうということがあります。その結果，自然と昔のことばかり繰り返し思い出してしゃべることが多くなるのだということで，過去を回想することは老化の象徴であり役に立たない無駄なことだととらえられていました。

このような考え方が優勢ななか，バトラー（Butler, 1963）は「回想は誰でも行う自然な現象で，意味のあることである」と過去回想を初めて積極的に評価しました。そしてそれ以降，高齢者の過去回想は決して老化の象徴などではないどころか，非常に重要な意味を持っているということで注目されるようになっていったのです。

では，回想することは高齢者にとって具体的にどのような意味があるのでしょうか。以下は，週1回約60分の回想面接を計6回行った老人ホーム居住の女性（79歳）の回想例です（今井, 1996）。面接において見られた人生評価の変化の流れと特徴的だった発言を見てみましょう。

1．最初に過去の辛かった話，現在も息子がふがいない話などをいろいろとして，でも今は幸せだと言っていました。

　　息子は，商売がうまくいっているときにはいいんですね。でも商売がおもしろくなくなると，何かにつけて辛くあたるんですよね。（中略）そこからが私の苦労の始まりなんですよ（中略）子どもで失敗してるから。
　　でも，この老人ホームに入ったことはほんと，幸せですよ．

2．過去の辛い体験の中にも幸せはあったのだと回想して，辛い思い出も笑い話にして話すようになりました。

ほんとにお嫁さんがよくしてくれてね」「まあ,惨みじめなもんですよ,テーブルはないしね(笑)。(中略)畳の上にね,新聞ひいてね,食べるような始末だったんですよね.

3.今までの苦労を必ずしもマイナスではなくて,今の強い自分を作り上げたと回想するようになりました.

やっぱり人間て苦労しなきゃだめっていうけれども,本当にそうですね.

4.最後に,現在の唯一の悩みの種である息子に関しても肯定的評価をしました.

子どもも何だか真面目にやっているみたいだから,今はほんとに幸せじゃないですか.

この女性は回想面接の最初の頃は自分の人生は苦労ばかりだったと言い,実際に苦労話ばかりしてたのですが,過去を回想しているうちにいろいろと楽しかったことなども思い出しました。そして自分の人生は決して悪いことばかりではなかったし,辛かったことでさえもその体験が自分を強くしたととらえて,すべてを自分のものとして受け入れています。回想をすることで自分の人生全体を見直し再評価をしたといえます。1つの体験について語るにしても,その語られる内容は常に同じではありません。何度かその体験について話しているなかで,それまで忘れてしまっていたことを思い出したり,いま現在の自分の状況と比べたりしているうちに,過去の体験の記憶が再構成されていきます。その結果,以前とはまた違った見方ができるようになり,深みのある評価が可能になったりするの

```
┌─────────────────────────────────────┐
│ 最初に辛かった話をいろいろとし,      │
│ でも今は幸せという話をしている。      │
└─────────────────────────────────────┘
                  ↓
┌─────────────────────────────────────┐
│ 次に辛い中にも幸せはあったのだと回想し │
│ 辛い思い出も笑い話にして話すようになった。│
└─────────────────────────────────────┘
                  ↓
┌─────────────────────────────────────┐
│ 今までの苦労を必ずしもマイナスではなく, │
│ 今の強い自分を作り上げたと回想するようになった。│
└─────────────────────────────────────┘
                  ↓
┌─────────────────────────────────────┐
│ 最後に,現在の唯一の悩みの種である息子に関しても│
│ 肯定的評価をするようになった。        │
└─────────────────────────────────────┘
```

図 4-1　回想内容の変化

です。

　このように自分の過去の体験を物語ることによって自分自身の人生を改めて「再体験」し、どのような経験であってもそれはかけがえのない自分だけのものであり価値があると感じるようになります。こうした自分自身の人生の受け入れに至るような内容の回想は、人生全体を見渡すということでライフレビューの回想と呼ばれたりします。さらに回想は今までの人生にやり残したことがあったり後悔するようなことがある場合にも、それらの体験も自分にとって何らかの意味があったのだと評価しなおす機会を与えたりもします。

　エリクソンら (1990) は、このように老年期に達した者が自分自身の人生をまとめなおし受け入れることを自我の統合と呼び、人間の8つの心理社会的発達段階の最終段階であるとしました (図4-2)。

　心理社会的発達段階とは、エリクソンが自分自身の体験やさまざまな人に対して行ったインタビューなどから、人間の発達段階を8つに分けたものです。そして各発達段階において直面する2つの対立する性質と、その時期の発達が順調にいった場合に身につけるこ

老年期							統合 対 絶望 英知
成人期						生殖性 対 停滞 世話	
前成人期					親密性 対 孤立 愛		
青年期				同一性 対 同一性混乱 忠誠			
学童期			勤勉性 対 劣等感 才能				
遊戯期		自主性 対 罪悪感 目的					
幼児期初期		自律性 対 恥 疑惑 意志					
乳児期	基本的信頼 対 基本的不信 希望						

図 4-2　心理社会的発達段階

とができる感覚を示しました。

　8段階の最後の段階すなわち老年期に達すると，人間は「統合」と「絶望」の狭間に置かれます。その中でこれまでの人生を自分なりにうまく意味づけることができれば，自分の死までも含んだ人生を引き受けることができますが，失敗した場合には自分自身の過去・現在は価値がなく，これから先にも望みがないというような恐怖の感覚にさいなまれることになってしまうと考えられています。

5. 過去を思い出すことの意味

　このように過去の体験を回想することは，仮にそれが思い出すたびに内容が少しずつ変わっていってしまうものであったとしても，むしろその変容が人間にとってとても重要であったりするのです。

　この他にも過去を思い出すことの意味はいろいろあります。近年まで一般的に考えられてきたように，高齢者が昔のことを思い出すのは現実からの逃避であるという見方は今でもあります。しかし，それも逆のとらえ方をすれば，自分の過去のその素晴らしい思い出にひたることによって現実の苦痛を和らげ，生活にうまく適応する手助けになったりするともいえるのです。

　また，現在は体が弱ってしまっていろいろなことがすばやくできなくなってしまったりしたけれども，若い頃は人並み以上の敏捷さを確かに持っていたなどと思い起こすことで，自尊心を守ることに成功する場合もあります。

　さらに，自分の過去の体験について思い出したことを他者に語り，まわりの人がそれに関心を向け聞いてくれることで，自分が確かに存在してきた証しが聞き手の心の中に記録され，さまざまなことが次の世代に伝えられるというはたらきもあります。

　同じように自分の過去の体験を他者に話すにしても，同年代の者同士が昔の思い出を語りあう場合には，また少し意味合いが違ってきます。仮に当時は別々のところで生活を送っていたとしても，実際に昔の記憶を掘り起こしてみると，同じ時代を生きてきたからこそ共有できる出来事がいくつもあります。それについて改めて他の人と一緒に思い出し語りあうことで，さまざまな体験やそれに対する感情などに共感しながらお互いを受け入れ，なごやかな関係が形成されていくのです。

これまで，特に高齢者における過去回想の重要性について述べてきましたが，実はこれは高齢者に限ったことではありません。例えば，青年期は「自分は何者であるのか」という問いかけを自分自身に投げかけ，それを模索し始める時期です。この問いに答えるためには，やはりこれまで自分が来た道，すなわち過去を振り返り，自分は何を好んで選択してきたのか，これまでどのような人間関係を築いてきたのかなどについて自分なりに改めて意識し直す必要があります。そのなかから，どのような状況においてもそれほど変化しない，一貫した「自分」というものを確立していくわけです。このように，自分の過去の体験を再び思い出すことは，過去が長い高齢者にとってのみならず，人生の転換期にある年代の者にとって，特別な意味を持つと考えられるのです。

6．おわりに

　人が自分の過去の体験を思い出すことには，さまざまな意味があります。不慣れな新しい環境におかれた者が早くその場に適応するため。高齢者がこれまでの長い人生をまとめ受け入れるため。若者が自分自身とは何かを探し求めるため。もっとシンプルに，楽しい思い出にひたっていい気持ちになるためだったりもします。いろいろありますが，共通しているのは，過去を思い出すということは，現在の自分の状態と比べて，より適応的な方向へ変化するためであるということです。

　人間はあまりにも辛くて思い出したくない過去の体験の記憶がある場合，抑圧という自分を守るためのための機能がはたらいて，その記憶にフタをしてしまうことがあります。その過去の体験の記憶を自分の意識上にのぼらせておくとその辛さに耐えきれず日常生活を送れなくなってしまうので，無意識のうちに自分自信を破滅から

守っているのです。そしてこのように長い間そっとしておいたものが，何かの拍子にフタが開いてしまい，強烈な過去の記憶に苦しめられる場合もあります。

　しかしケースにもよりますが，実はこのような過去の体験の記憶の復活は，その辛くて思い出したくない過去から根本的に逃れる道の第一歩であると心理学的には考えられます。辛さを努力して乗り越えられそうな時が来たら，再び意識上によみがえらせ再びその記憶と直面し，それが実際に悪い体験であったとしてもそれは確かに自分の身にふりかかったことなのだとして受け入れて，その記憶を持った自分として改めて生きていくのです。

　過去の事実それ自体は常に1つしかありえません。しかし私たちはそれを思い起こすときに，事実そのままをよみがえらせることはまれです。その時の自分なりの視点で，自分なりの意味づけを与え記憶を変化させて思い出すのです。私たちは過去の経験の事実やとらえ方を常に変化させながら生きているといえます。それは，より良い人生を作り出していくために，みんなが自然といつも行っていることなのです。

【引用文献】

Brown, R. & Kulik, J.　1977　Flashbulb memories. Cognition. Vol. 5. pp. 73-99.

Butler, R. N.　1963　The Life Review : An Interpretation of Reminiscence in Aged.　*Psychiatry*, **26**, 65-76.

E. H. エリクソン・J. M. エリクソン・H. Q. キヴェニック（朝長正徳・朝長梨枝子訳）　1990　老年期―生き生きしたかかわりあい―　みすず書房．

今井由紀　1996　面接法を用いた老年期の回想の研究　中央大学文学研究科修士論文．

Loftus, E. F., & Palmer, J. C.　1974　Reconstruction of automobile destruction : An example of the interaction between language and memory. *Journal of Verbal Learning and Verbal Behavior*, **13**, 585-589.

Wagenaar, W. A.　1986　My memory : A study of autobiographical memory over six years. *Cognitive Psychology*, **18**, 225-252.

❀読書案内❀

◆井上毅・佐藤浩一編　2002　日常認知の心理学　北大路書房．
　エピソード記憶などを含む人間の認知機能が，日常生活のなかでどのように働いているのかについて，その研究の歴史から最新の成果までをまんべんなく紹介してあります。

◆野村豊子・黒川由紀子　1992　回想法への招待　筒井書房．
　高齢者（健常高齢者・痴呆性高齢者）を対象にして回想法を行う場合の基本的な方法や導入の仕方などがまとめられています。過去を思い出すきっかけとして用いることができる写真図版がセットになっています。

◆佐伯胖・佐々木正人編　1990　アクティブマインド　東京大学出版会．
　人間の認知は自ら積極的に外界にはたらきかけて，その外界との相互作用のなかで作り出され修正されるものであるという「人間は動きのなかで考える」ことを示した本です。

第 5 章
創造性を伸ばすことはできるのか？

現在，「新学力観」のもとで教育実践に対してさまざまな提言がなされています。例えば小渕首相の私的諮問機関であった「教育改革国民会議」は，2000年12月22日付最終報告の中で「ひとりひとりの才能を伸ばし，創造性に富む人間を育成する」を教育目標の1つとしました。しかし，皆さんは「創造性」とは何かと問われたら，明確に答えることができるでしょうか。実は，心理学の中でも「創造性」という用語が含んでいる意味は，時代とともに変わってきました。本章では，その歴史的変遷を示すとともに，最新の創造性の定義にしたがえばどのような教育が必要とされるのかを示したいと思います。皆さんには，自分がこれまで経験してきた授業や日常生活と重ね合わせながら，読んでいただければと思います。

1. 創造性とは何か〜心理学的な創造性のとらえ方の歴史的変遷〜

創造性を考えるための準備

「創造性」とは何かという質問の答えに困った人でも，次の2つのうちどちらが創造的かと問われたら答えられるでしょう。

　ア．ゴッホの「ひまわり」
　イ．ゴッホの「ひまわり」の贋作

これは誰もがアのほうが創造的だと答えるでしょう。その根拠は，オリジナルとコピーの関係では通常オリジナルの方が創造的価値が高いとされているからです。こうした考え方から，創造性にはオリジナリティ（独自性）が1つの重要な要素として考えられていることが分かります。それでは，次の例を考えてみましょう。

　ウ．天才的数学者
　エ．クラスでいちばん算数が得意な小学生

これも，ウと答える人が多いでしょう。天才的数学者は，最先端の数学を扱う専門家であるし，社会的に彼の数学の才能は認められているからです。エの小学生も何年後かには天才的数学者になるかもしれません。しかし，いま現在で比較したなら，ウの方が創造的であると考えるほうが妥当でしょう。ここまでは簡単に答が出せたと思います。次はどうでしょう。

　オ．天才的画家
　カ．天才的数学者

これはどちらが創造的であるかは、一概に答えられません。なぜなら「領域」が異なるからです。このように、領域ごとに創造的であることの中味が違うことを、ガードナー（Gardner, 1993）は、創造性の「領域特殊性」と呼びました。しかし、こうした一見当たり前の考え方も創造性研究には最近まで反映されてませんでした。

　では、過去の創造性研究は創造性をどのように考えていたのでしょうか。答を先にいってしまえば、創造性は知能と同じように、人間の中に埋め込まれている潜在的で領域普遍的（どの領域でも創造的な人とそうでない人は一致する）な1つの能力としてとらえられていたのです。しかも、それは1960年代後半にはテストで測定できると考えられ、先の例でいえば、エの小学生がウの数学者のように創造的な人物になる可能性を予測できるとさえ考えられていました。それでは、次にどのような歴史をたどって、創造性テストが創造性研究の中心になっていったのかを見てみましょう。

戦前から戦後へ；創造性の意味の移り変わり

　アルバート（Albert, 1975）によれば、アメリカの心理学史の中で人間の優秀さを扱う心理学の分野では、1945年の終戦を境に、天才から創造性へと学問的関心が移りました。さらに1954年に当時のソ連が人工衛星の打ち上げに成功したことによって、アメリカの教育が能力主義へと傾いたスプートニック・ショック後は、創造性とともに、特に英才児（gifted children）への関心が増加しました。アルバートはこうした学問的関心の移行は、創造性を個人内に備わっているものとして扱うようになったこと、そして創造性が教育と訓練の対象となったことをあらわしているといいます。

　日本で創造性という用語が書籍の題名として最初に使われたのは、太平洋戦争に突入しようとする時代でした（稲毛, 1936）。その時代、創造性は「独自にして優秀な日本文化を創造する力」とされていま

した。その中味をよく見てみると,創造性には2つの意味が込められてました。1つは天才研究から継承した意味です。この創造性の意味は,特定の才能を持った人が生み出す「社会にとっての新しさ」を創り出すことを指します。もう1つ,創造性に新しく付け加えられたのは「自分にとっての新しさ」という意味です。日常的にいえば,昨日は失敗した料理が今日はうまくできたとか,今まで解けなかった問題が解けるようになったといった個人が経験する「新しさ」のことです。

この時代この2つの意味が創造性という言葉に込められていました。新しく付け加えられた意味は,特定の個人にだけ与えられる天才とは異なり,「人間は皆創造性の持主である」ということにつながっていきます。しかし,誰にでもあるのが創造性といいつつ,稲毛(1936)は「婦人は概して反創造的で,模倣家であり保守家であり消費者」であるし,女学校では創造性は求められる価値ではない,とも述べています。戦前の社会的な価値観は,創造性の理論の中でもこのように反映されていたのです。

戦後占領下の時代になると,創造性の2つの意味のうち「自分にとっての新しさ」の意味がより強調され,それにともない天才の概念と重複していた「社会にとっての新しさ」の意味は失われていきました。戦後まもなく出版された文部省編『教育心理——人間の生長と発達 上・下』(師範学校教科書株式会社,1947年)では,創造性は,発想とか創意工夫といった授業の中での創造的思考の問題として扱われています。そして天才児は「不適応に陥りやすい」ために,教師がケアする対象とされます。これには,当時の教育の目的が,平等な民主的な態度の形成であったことが影響していると考えられます。先の男女不平等な創造性のとらえ方を改める必要があったように,一部の人々にだけ当てはまる「社会にとっての新しさ」は,平等主義を推し進める教育の目的と矛盾をきたすと考えられたので

しょう。

　このような経緯をたどったうえで，創造性は主に「自分にとっての新しさ」を中心に心理学では扱われていくことになります。

「自分にとっての新しさ」を得るための創造性教育

　1960年代後半から1970年代にかけて，日本の心理学ではトーランス（E.P. Torrance）の開発した創造性の評価様式を土台に創造性研究が進められました。例えば恩田・野村（1971）は，創造性を能力因子としてとらえるために，創造性テストで測定される次の4因子を創造性評価の内容として挙げています。

　　①流暢性（思考の速さ）……主として動機づけの強さ，頭の回転の速さを見る。
　　②柔軟性（思考の広さ）……主として視野の広さ，種々の仕事への適応性を見る。
　　③独創性（思考の新しさ）……解答全体から見て解答頻度の少ないもの，遠い連想，たくみな答えなどを見る。
　　④具体性（思考の深さ）……解答がどれだけ，その具体化の手段・構造・条件などを明示しているかを見る。

　注意すべきなのは，すべて「思考」の問題として創造性が扱われることです。そして，創造性テストを行うことは，①から④の特性が高い人，低い人というように，創造性を性格特性の1つとしてとらえることを可能にしました。

　しかし，創造性テストの開発だけが心理学の研究対象であったわけではありません。むしろ，ある教育実践をする前と後に創造性テ

ストを行いその教育実践の学習効果を確かめたり，創造性と他の性格特性との関連を調べたりすることが創造性研究の対象でした。このような創造性研究は，子どもをうまく動機づけることで学習を促進し，子どもの才能を伸ばすことを目的としていました。例えばトーランスとシスク（Torrance & Sisk, 1997/2000）は創造的学習法を提案し，教師が子どもたちに次のことを行うと子どもたちは動機づけられると述べています。

- 子どもが思考や問題解決にあたって道具として学ぶものを使う機会を与えること。
- 彼らが学んでいることを人に伝えるチャンスを与えること。
- 彼らの学年としてはやや程度の高いことを学んだということに興味を示すこと。
- 適当な難しさを持った学習の仕事を与えること。
- 彼らの最高の能力を使う仕事を与えること。
- 彼らが好む方法で学ぶことを認めてやること。
- たくさんの（他人と）違った優秀な面を持っていることを知って，認めてやること。
- 学習経験に純粋な目的と意義を与えてやること。

こうした創造的学習を支える教師の態度や，子どもの問題解決思考を強化するトレーニング法や，ブレーンストーミング法などのアイディアを創出する方法を組み入れた創造性開発教育が，現場の教師を巻き込んで実践されていきました。しかし，ここで1つの大きな問題にぶつかります。それは，ある子どもが何らかの教育を受けたことによって，74ページの①から④のような領域普遍的な創造的思考能力が高まったとしても，その子どもがアーティストとか政治的リーダーといった創造的職業につく創造的人物になれるのか，

という問題です。ここでもう1度，創造性の意味を，我々が日常的に感じる創造的という言葉の語感に沿って考え直してみましょう。

2. 現実社会の中での創造性

　これまで「社会にとっての新しさ」と「自分にとっての新しさ」という用語で，創造性の2つの意味をあらわしてきました。これは心理学の構成概念では，ラージC（large C）とスモールC（small C）と呼ばれています。芸術や科学といった領域での業績や作品と結びつく創造性がラージCです。スモールCは，日常生活における問題解決と結びつく「発想」であって，業績や所産ではありません。その例としてよく挙げられるのが，料理や部屋の装飾といった家事労働です。つまり，ラージCは「社会にとっての新しさ」を創り出す創造性を指し，スモールCは「自分にとっての新しさ」を創り出す創造性を指しています。

社会一般の人々が考える創造的児童の特徴

　ここで1つの実証データ（夏堀，2002a）を示しましょう。表5-1は，大学生，社会人等成人50名（平均年齢28.08歳，SD 8.68）を対象とした調査結果です。この調査では被調査者に「創造的児童」と「天才児」の特徴を，①授業場面，②遊びの場面，③家庭生活において各々自由記述してもらい，その内容分析を行いました。その結果，創造的児童は天才児とは区別され，次のように特徴づけられました。

①授業場面における創造的児童の特徴

　天才児は理解に優れこれから学習する内容をも先取りしてしまうといった「能力観」で示されるのに対し，創造的児童は積極的に質問する，自発的に学習を進めるといった授業への「態度観」で示さ

表 5-1 創造的児童観と天才児観の特徴

	創造的児童(%)	天才児(%)
〈授業〉		
積極的な発言・質問	21(42.0)	12(24.0)
独自性(人と違う着眼点)	17(34.0)	
活発・自発的な態度	16(32.0)	
授業内容への没頭・拘泥	10(20.0)	
先生の話をよく聞く	9(18.0)	3(6.0)
失敗を怖れない	2(4.0)	
学習の先読み/寡黙		27(54.0)
授業内容以外の没頭・拘泥		15(30.0)
理解が早い		9(18.0)
先生に一目置かれる		8(16.0)
要領がいい		2(4.0)
解答方法より概念への関心		2(4.0)
〈遊び〉		
独創的な遊びの開発	30(60.0)	26(52.0)
自発的・能動的・積極的な態度	20(40.0)	
誰とでも遊べる	9(18.0)	
リーダーシップを発揮	4(8.0)	5(10.0)
頭脳的・静的な遊びを好む		28(56.0)
興味ある同じ遊びに固執		15(30.0)
不参加・傍観		6(12.0)
要領がいい		5(10.0)
〈家庭〉		
家族内の会話が多い	15(30.0)	
自発性・自己解決・自立重視	13(26.0)	22(44.0)
料理等生活知識への興味関心	10(20.0)	
興味ある対象に没頭/他は無頓着	10(20.0)	10(20.0)
親の高学歴等文化資本が高い		9(18.0)
広範囲の興味関心	8(16.0)	
親の言う通りにする		7(14.0)
親が子の才能に肯定的・積極的		3(6.0)

れます。また天才児は「授業を聞いてなくても良い成績がとれる」といった「成果」で特徴づけられるのに対し,創造的児童は「自分

なりの問題を見つける」といった「問題発見への自発的態度」に特徴が見出されます。創造的児童については、問題解決できるかどうかといった学習成果は特徴とされません。

②遊び場面における創造的児童の特徴

独自な遊びを開発するといった特徴は、天才児も創造的児童も同じですが、創造的児童は他者と協調的であり、また遊ぶこと自体に積極的で自発的です。

③家庭生活における創造的児童の特徴

天才児が文化資本に富む家庭環境と想定されているのに対し、創造的児童の家庭環境は会話が多く円満であるとされます。また創造的児童の家庭環境は、日常の小さな問題解決に結びつくような生活的知識を獲得しやすい環境です。具体的には「お母さんの料理を手伝いながら覚える」、「きちんと部屋が片づいている」といった内容で表現されています。

創造性研究の前身は天才研究でした。ですから創造性という言葉には、当然天才と重なる意味が含まれていても不思議ではありません。創造的児童も天才児も、両方とも子どもです。それにもかかわらず、この調査結果は、創造性を問題解決思考ととらえること、自発的に動機づけられた態度としてとらえること、創造性を家事労働と結びつけることなどの点で、創造性がスモールCとしてだけ人々に考えられていることを示しています。これらの諸特徴を見たとき、それが学校での「良い子」像に非常に近いことに気づきます。これまで創造的人物とされる芸術家や科学者や政治的リーダーの伝記を読んだことがある人なら、その内容と違和感を感じるのではないでしょうか。伝記にあらわされる創造的人物の幼少期のエピソードは、必ずしも学校で「良い子」であったとは記されていません。

創造的人物と社会的評価をめぐる問題

　このスモールCとラージCに連続性がないことを，もっと具体的に考えてみましょう。進路選択を前にしたギターが趣味のある高校生が，親に「自分はアーティストになる」と宣言したとしましょう。普通の親は「そんな夢みたいなこと言ってないで，大学に行け」とか，「手に職をつけることを考えろ」とか，「親の後を継げ」と言って反対するでしょう。なぜ親は反対するのでしょうか。それは，職業としてアーティストになり，食べていくには，やる気（動機づけ）や努力だけでは難しいことを感じているからに他なりません。職業として成功するには，本人のやる気や努力の他に，専門家の目にとまる機会に恵まれることとか，彼／彼女をプロモートしてくれる人に出会うこととか，多くのファンを獲得することといった，彼／彼女の力だけではない何か別の要因が必要なのです。つまり，スモールCの創造性を高めたとしても，ラージCの創造性にはつながらないのです。

　これはアーティストだけの問題ではありません。サッカーの中田英寿選手は作家の村上龍氏との対談のなかで，自分は天才だと思うかという村上氏の質問に次のように答えてます。「全然。だって自分で思ったってしょうがないよ。他人が決めることだよ。」（村上・中田，2002，p.85）。この発言は，ラージCの研究対象となるような1つの領域を極めた人は，自分が得た名声を苦労や努力によるのではなく，「他人が決める」こと，いいかえると社会的評価の獲得でしかないと考えていることの一例です。先に挙げた専門家の目にとまることや，多くのファンを獲得することも，この社会的評価の獲得という創造性の要因をあらわしています。スモールCの創造性には，この他者による社会的評価の獲得という視点がまったく抜け落ちています。

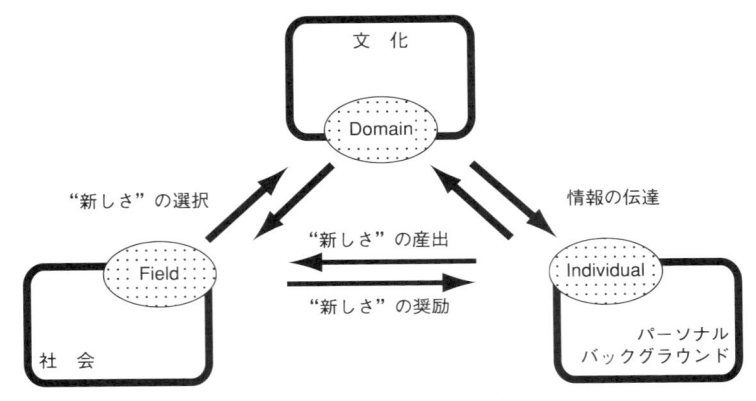

図5-1 創造性のシステムモデル
(Csikszentmihalyl, M. 1999 Implication of a System Perspective for the Study of Creativity. In R. J. Sternberg (Ed.) *Handbook of Creativiity*. Cambridge ; Cambridge University Press. pp 313-335. の Figure 16.1 を一部変更して引用。

1980年代後半からの創造性の捉え方

チクセントミハイ (Csikszentmihalyi, 1996) によれば，現在でもスモールCとラージCのどちらが創造性であるのかという議論は決着がついていません。しかし1980年代以降，これまでスモールCが過大評価されてきたことへの反省から，ラージCを創造性研究の中心に据える動向が見られるようになってきました。そこで，チクセントミハイ (Csikszentmihalyi, 1999) は，これまでのスモールC研究の成果である創造的思考の問題も，そして社会的評価の問題もすべて含まれるような形で，創造性のシステムモデル（図5-1）を提案しました。このシステムモデルは，次の3つのサブシステムから構成されています。

　　①文化のサブシステムであり，小説，絵画，楽曲，研究論文などの所産の表現に必要な知識や技術の蓄積を指すドメイン（Domain）。
　　②ドメインから獲得したものを変換し新しい所産を産出する，

個別の生活史的背景に支えられた個人（Individual）。

　③社会のサブシステムであり，所産の評価の機能を持ち，個人が産出した所産が創造的であるか否かを判定するフィールド（Field）。

　具体的に小説家のことを考えてみましょう。小説家になるためには，まず言語が使えることから始まって，これまで出版された数多くの小説を読む経験，小説の書き方のルールを体得することが必要です。こうした知識や技術は，「小説」のドメインとして文化の中にプールされています。小説家になりたい人は，そのドメインにアクセスして小説を書くために必要な知識や技術を得ます。次に，その知識や技術を活用して個人（創作者）が自分なりに小説を創作します。この「自分なりの創作」には，その人がそれまで生きてきた経験や獲得した知識内容，それから他者に評価されるためにはどうしたらよいかといった戦略的スキルの有無が反映されます。そして，○○賞の選考委員のように，その作品は小説の専門家が形成するフィールドで取捨選択にかけられます。そこでは作品が既存の小説と比較して新しいと考えられるのか，作品が新しく文化の中にプールすることに値するのか，が検討されます。さらに小説の場合，○○賞を受賞したなら，もう1つのフィールドである小説の読者市場によって社会的評価を受けることにもなります。こうして，幸運にも社会的評価を獲得できた場合には，その作品は文化の中の小説のドメインにプールされることになるわけです。

　チクセントミハイのモデルは，「個人」のサブシステムの中に創造的思考や柔軟性などのスモールCを含みつつも，あくまでラージCの創造性を強調しています。ここでは小説の領域を例にしましたが，このモデルは先述したガードナーの創造性の領域特殊性を考慮し，社会的評価の内容が領域ごとに異なることを明示したモデルな

のです。最近の創造性研究の傾向として、より社会的評価の獲得を重視することが挙げられます。例えばアマビール（Amabile, 1990）は、「創造的であるかどうかはその所産（作品や技能）の領域の専門家たちの合意、つまり社会的判定による」というように、社会的評価の獲得こそが創造性の本質であると主張しているのです。

3. 学校文化と創造性

チクセントミハイのモデルにしたがえば、これまでスモールＣの創造性によって展開されてきた創造性教育はどのようにとらえ直すことができるのでしょうか。

学校で求められる創造性

創造性教育を考えるときに重要なのは、学校は他のフィールドの評価とは異なる独自の評価基準を持った１つの独立したフィールドである、ということです。１例を教師へのインタビュー結果から挙げてみましょう。

> あのね、運動会のね、ダンス、表現なんですね。表現で、それこそ創造性豊かに表現していいって言ったんだけれども、その時にね私６年生受け持ちだったんですよ。でもね、自分のを産み出すってことができなかったんですね。よくテレビで見た、あの若い男の子たちが踊ってる、あの踊りの真似、真似で、あの手先だけを動かして踊るような踊りしかできなかったんですよ。だから、あー子どもたちにそういう、その子の創造性においてはね、もう結局視覚で訴えるものが多く入ってるから、自分で考えることが少ないかなってふうに思いましたけどね。（父兄からのコメントは）ありましたけど、でもある程度こちらで（踊りを）付け加えましたので、いくつかの

パターン，だからこちらのパターンのいいところ，こちらのパターンのいいところ，とかっていうものを付け加えましたので．

(教職歴 30 年，女性)

　学校での創造活動として，よく取り組まれる実践に創作ダンスがあります．この教師が「創造性豊かに」という言葉であらわし，子どもに期待している内容は何なのでしょうか．おそらく「よくテレビで見た，あの若い男の子たち」の「踊りの真似」を否定していることから，自分たちで考えた自由な踊りを期待していると考えられます．

　創作ダンスの授業を受けたことがある人ならば容易に推測できることですが，創作ダンスの授業では，恥ずかしさを乗り越えて，大げさに身体を使って感情をあらわした場合に，教師から「表現力が豊かである」と評価されます．しかし，本来社会的評価の獲得を必要とする踊りの領域の基礎とは，"型"の習得にこそあるのではないでしょうか．バレエや日本舞踊，ヒップホップ，社交ダンス，フラメンコ，タップ等，どの踊りの領域であっても，"型"の習得があってこそ踊り手の独自性は生まれます．先の教師の発言のなかで，「よくテレビで見た，あの若い男の子たち」の「踊りの真似」をした子どもたちは，創造性が低いと評価されていました．最近，「よくテレビで見た，あの若い男の子たち」の踊りのレッスンを受けるために，一部の子どもたちは放課後タレント養成スクールに通います．つまり，「よくテレビで見た，あの若い男の子たち」の踊りは，バレエや日舞と同じようにお金を出してお稽古事として習う，1つの"型"を持った踊りの領域を形成しているのです．

　しかし，先の教師はある1つの"型"を模倣しようとした子どもの踊りを創造性の低さとして評価し，教師が踊りを付け加えることで"型"にはまらない"自由"な表現を取り戻し創造性の低さを補

ったと言っています。これは，学校では特定の踊りの"型"にはまらない"自由"な表現を創造性の高さの評価基準にしていることをあらわしています。

　同じように子どもが創る物語の評価についても考えてみましょう。夏堀（2002 b）は，児童が創作した物語の評価について，教師以外の成人を対象に質問紙調査を行いました。その結果，ミステリィや恋愛小説といった一般の書籍市場に出回っている物語の評価と比較して，学校での物語評価は，読者を魅きつけるための工夫や技術といった技巧性よりも，道徳性が重視されるという社会的信念が人々の中に存在することが示されました。また，教師を対象とした別の調査では，多くの教師は児童が創作した物語の中の問題解決部分に着目して，「（主人公が）助かってよかったね」「お友だち（子どもが新たに登場させた人物）と出会えてよかったね」というように，子どもの意図した解決の内容を評価することが分かりました。問題解決の枠組みで物語を評価してしまうことは，教師がスモールＣの創造性の視点で子どもの作品を評価していることを示しています。

　このような現状を考えると学校教育の中で，ラージＣの創造性を伸ばすことが可能なのかという疑問が浮かんできます。将来創造的人物になる可能性がある，というだけの子どもに対して創造性教育を行うとすれば，社会的評価の獲得という創造性の本質に近づけるような実践を考案するしかないでしょう。例えば，人を魅きつけるという側面を強調することが必要となってきます。プレゼンテーション技術やコミュニケーション・スキルの習得を重視し，いかにアトラクティブに演出し，賛同者を多く獲得するかが子どもに求められていくことになるでしょう。さらに，今年度から実施された総合学習の時間などをうまく利用して，すでに社会的評価を獲得しているさまざまな創造的領域の専門家に，学校で授業をしてもらうことも１つの手段であると思われます。

今後の創造性研究の課題

 創造性研究は,これまでのような領域普遍的な個人内能力の問題としてだけでなく,領域特殊な社会的評価の問題として扱われることで,今後新たな研究が積み上げられていくでしょう。最後にここまで読んでくださった読者の皆さんに,意地悪ともとれる問題を出したいと思います。先に,ゴッホのひまわりとその贋作で,どちらが創造的かという例を出しました。そこでは,オリジナルの方がコピーよりは創造的だ,と答を出しました。では,次の例を考えてみてください。

 キ.キャンベルのスープの缶のデザイン。
 ク.キャンベルのスープの缶のデザインを描いたアメリカのポップ・アート界の巨匠アンディ・ウォーホル(A. Warhol, 1928-1987)のリトグラフ。

 クはキを模倣することで創られた作品です。しかし,クの方が芸術としての価値は高いものです。これはボードリヤール(Baudrillard, 1976/1992)が論じた「オリジナルの死」という現代思想をあらわす例です。ボードリヤールによれば,模造のほうがオリジナルよりも価値を持つこと,それが現代の特徴なのです。こういう現代思想に対して,創造性の理論はどう対抗していくのでしょうか。創造性研究には課題が山積みなのです。

【引用文献】

Albert, R. S. 1975 Toward a Behavioral Definition of Genius. *American Psychologist*, **30**, 140-151.

Amabile, T. M. 1990 Within you, without you : The social psychology of creativity, and beyond. In M. A. Runco & R. S. Albert (Eds.) *Theories of creativity*. California : SAGE Publication, Inc. Pp. 61-91.

Baudrillard, J. 1976 *L' Échange symbolique et la mort*. Editions Gallimard（今村仁司・塚原史訳 1992 象徴交換と死 ちくま学芸文庫）.

Csikszentmihalyi, M. 1996 *creativity*. New York : HarperCollins Publication.

Csikszentmihalyi, M. 1999 Implication of a System Perspective for the Study of Creativity. In R. J. Sternberg (Ed.) *Handbook of creativity*. Cambridge : Cambridge University Press. pp 313-335.

Gardner, H. 1993 *Creating Minds*. New York : Basic Books/HarperColins Publishers.

稲毛訛風 1936 日本人の創造性と教育 明治図書.

村上龍・中田英寿 2002 文体とパスの精度 集英社.

夏堀睦 2002a 創造的児童観の分析―天才児観との比較を通じて― 日本教育心理学会第44回総会発表論文集, p 344.

夏堀睦 2002b 学校内での物語評価についての一般的信念の検討 教育心理学研究, **50**(3), pp 334-344.

恩田彰・野村健二 1971 Ⅰ創造性とはなにか 恩田彰（編） 講座・創造性の教育1 創造性の基礎理論 明治図書, pp 15-38.

Torrance, E. P. & Sisk, D. A. 1997 *Gifted and talented children in the regular classroom*. Creative Education Foundation Press（野津良夫訳 2000 才能を開く～その考え方 見つけ方 伸ばし方～ 文芸社）.

🍀読書案内🍀

◆Ｓ・アリエティ（加藤正明・清水博之訳） 1980 創造力―原初からの統合 新曜社.

　創造性を社会的評価の獲得とする主張を展開しているこの本を読むと，1980年代からの創造性研究の方向性が理解できます。

◆ランゲ・アイヒバウム著（島崎敏樹・高橋義夫訳） 1969 天才―創造性の秘密 みすず書房.

　クレッチマーをはじめそれまでの天才論が精神病理と関連づけて展開されていたのに対し，この本ではある個人を天才とする観衆の側からアプローチする。天才の創造性を初めて社会的角

度から分析した名著です。2000年に復刊されています。

第III部

心の発達

第6章

子どもの心とその発達
——乳幼児発達心理学の知見から分かること——

　私たちはつい最近まで子どもだったとしても，齢を重ねるといつの間にかに大人という存在になっていきます。「大人になった」ということは，社会の中での立場が「育てられる側」から「育てる側」へと転換したということです。私たちの心は，子どもの頃からどのような道をたどり，形づくられてきたのでしょうか。また，私たちはその道筋をどうとらえることができるのでしょうか。

　この章では，子どもの心が社会の中でどのような道筋をたどってつくられていくかということを，皆さんと一緒に考えていきたいと思います。

1. さまざまな姿を見せる子どもたち

　皆さんは保育園や幼稚園に行ったことがあるでしょうか。私は仕事柄，そのようなところへ出かけていく機会が多いのですが，当然ながらそこではさまざまな姿の子どもに出会います。見知らぬ私に対しても臆せず話しかけてくる子，話しかけはしないがその子の脇でじっと私の様子をうかがっている子，顔を見ただけで逃げ出してしまう子，私のことなどまったく関せず遊びに没頭している子，没頭しているかと思いきや，目を合わせずに私にぼそっと話しかけてくる子……。保育園や幼稚園でなくても，家の中，街の中，公園，学校など，さまざまな場面で出会う子どもは，実に多様な姿を見せてくれます。このような子どもの姿の違い，行動の違いは，なぜ生じるのでしょうか。

　暑いところに行けば冷たいものを飲みたくなり，寒いところに行けば温かいものを飲みたくなるように，一般に私たちの行動は周囲の環境によって変わるという性質を有しているといえます。一方で，例えばどの人にも多かれ少なかれ何らかの「くせ」があるように，私たちは環境の変化にかかわらず，誰もがある程度一貫した行動傾向を有しています。このような場面が変わってもある程度一貫した行動傾向のもととなる心のはたらきや構成のことは，心理学では「人格」や「性格」，もしくは「個性」などと呼ばれ，これまでにさまざまな方法でその成り立ちについての研究がなされてきました。「性格」や「個性」などの言葉は，「あの子はおっとりした性格だよね」「ずいぶんと個性的な子の集まったクラスだね」といわれるように，私たちが子どもを語るうえでごく一般的に用いられているように思います。このような人の「性格」や「個性」が生まれるさま，別のいいかたをすれば，子どもの心がどのような過程をたどり形成

されていくのかという問題は,「少子化の時代」といわれる今日においても,以前と変わらず多くの人の関心をひいているといえるでしょう。子どもの心とは,いったいどのようにして成り立っていくのでしょうか。では,初めに,多くの人がこの問題についてどう考えているかを見ていくことにしましょう。

2. 子どもの心の育ちはどのように決まるか～一般的な説明では～

　子どもの心が,子ども同士の関係やその他の生活環境からの影響を受けるのはもちろん,子どもとは異なる大人という存在から「子育て」や「教育」などの行為を通じて何らかの影響を受けつつ発達していくということは,容易に想像がつくのではないかと思います。では,具体的にはこの過程はどういった形で説明されているのでしょうか。ここではまず,我々が日常目にする雑誌や新聞,テレビや書籍などで,子どもの心とその発達の問題,またそれとかかわる「子育て」や「教育」の問題がいかに描かれているかということについて,代表的なものを取り上げ考えてみたいと思います。次の3つの考え方のうち,少なくともいずれか1つは,皆さんもこれまでに目にしたことがあるのではないでしょうか。

　第1は,ある一定の年齢（たいていの場合幼少期）までの子どもの育ち,もしくは育てられ方が,その後の発達に強く影響を及ぼし,後のその子どもの性格や個性,能力を決めるという考え方です。例えば「子どもの基本的な性格は3歳までに決まる」という説（「3歳児神話」などと呼ばれたりします）がこれに相当します。「三つ児の魂百まで（「幼い頃の性質は老年まで続く」という意。「3歳」という意味ではない）」の諺もあるように,これに類する議論は比較的古くから存在するようです。この考え方は,例えば澤口（1999）の中にも「8歳までが勝負！」という章があるように,今日も形を変え,

広く一般になされているものだといってよいでしょう。

　第2は，子どもの力をより伸ばそうとする際に，理想的な子育てのスタイルはどのようなものかについての主張や議論です。第1の例との関連で示せば，例えば「3歳（もしくは8歳）までは子どもは『母性』を感じられる母親の元で育てられるべきである」などの説明がこれらの代表例です。また，「母親がきちんとこの子の面倒をみないから悪い子になったのだ」といった主張を日常生活の中で少なからず耳にしたことがあるかもしれません。これは先の主張の裏返しですから，やはりこの種の主張を代表する例の1つだと考えてよいでしょう。

　第3は，「子どもの性格や個性，能力は，血のつながった親からの遺伝により決まる」という考えです。例えば，ニューズウィーク日本版の特集として最近出された雑誌「新・0歳からの教育」(2001)の「心を育てる」という章の見出しには，「43％：子供の性格や能力は遺伝で決まると考えている親の割合」とあります。この種の考えもまた，今日の社会の中で一定程度受け入れられ，広まっているといってよいのではと思います。

　子どもの心が育つ過程は，一般に今日では以上のような形で説明されることが多いようです。さて，これらの説明は果たしてどの程度妥当なものなのでしょうか。例えば恵まれない環境にいる子が「ぐれて」いく姿や，非常によく似た性格の双子をこれまで実際に目にしたことがある人は，これらの説明に対し，特別に疑問を抱かないかもしれません。しかし一方で，恵まれない環境にありながらもごく普通の「いい子」に育つ例や，また双子のわりにだいぶ性格が異なる例などを実際に目にした人もきっといるでしょう。同じような環境で育てられたがゆえによく似ている，一方で同じような環境で育てられたにもかかわらず異なった心を持つ。子どもの心にこのような個性や個人差が出てくるさまを，我々はどうとらえたらよ

いのでしょう。この節でふれたような，これまでに広く一般になされてきた説明で十分なのでしょうか。もしくは，何か別の説明が必要なのでしょうか。次の節では，発達心理学の研究から明らかになったことをふまえつつ，この問題についてさらに考えていきたいと思います。

3．「縦断研究」の結果から

ケイガンとモスの研究

さて，子どもの心，別のいいかたをすれば子どもの「性格」や「個性」が形づくられる過程は，どのように調べれば明らかにすることができるのでしょうか。

ごく単純に考えてみましょう。今目の前にいる子の「性格」や「個性」の育ちについて明らかにしたければ，その子たちが現在どのような育てられ方をしていて，後々どのような個性を持った子に育っていくかを検討すれば，それが可能になるはずです。もしくはその逆に，今目の前にいる子どもが以前どのような形で育てられていたかについて調べても，同様のことがいえるはずです。このような，ごく幼い頃からの子どもの発達過程を詳細に追跡する方法は「縦断研究」と呼ばれ，発達心理学における重要な研究手法の1つとして，以前から多くの場面で用いられてきました。とはいえ長年にわたるものは，調査をされる側・する側の双方にかなりの負担がともなうこともあり，長期にわたる大規模な縦断研究がそう多く行われているわけではありません。その期間は，長くても出生直後から生後20年頃までというのが実状です。以上のような研究実施上の制約があることを念頭に置いたうえで，過去に行われたいくつかの縦断研究について取り上げ，その結果を見ていくことにしましょう。

この種の研究の中で比較的古いものは，アメリカのオハイオ州のフェルス研究所によって実施された，1920年代後半に出生した子どもたちの発達を20歳代に至るまで追跡した研究です。ケイガンとモス（Kagan & Moss, 1962）という2人の心理学者は，1962年に出版された報告書「出生から成人まで」の中で，この研究の資料について詳細な分析を試み，研究に参加した89名の子どもの乳幼児期における特徴とその後の行動との関連性を報告しています。その結果は，6～10歳代に見られた知的達成行動や性役割行動などが，20歳代のそれに対応する行動と強く関連しているというものでした。その一方で，乳幼児期（0～3歳，3～6歳）における活動性・依存性・攻撃性などの行動傾向は，20歳代における行動に見られる傾向とはほとんど関連していませんでした。つまり，児童期（おおむね小学生の頃）の行動傾向から青年期の行動傾向はある程度予測できるが，一方で乳幼児期と青年期の行動傾向のつながりは特になく，乳児期の行動傾向からその先の行動傾向は予測できないということだったのです。

　ケイガンはその後さまざまな形で，発達初期から後の時期にかけての発達傾向がいかに連続しているかについて検討することを試みました。しかし，それらの研究からはいずれも，乳幼児期における特徴と大きくなってからの特徴の間に直接的な関係をほとんど見出すことができませんでした。例えば後の研究からは，6ヵ月，あるいは12ヵ月時点での発達指数が，6歳時点での知能指数（IQ）や学力とはほとんど相関しないということ，また注意力や歩行の開始期は，それらと理論的に関連すると考えられる数年後の発達的側面ともあまり関連していないということなどが明らかにされたのです（Kagan, 1979）。

ワーナーの研究・ニューヨーク縦断研究

　ケイガンとモスによる研究からは，発達初期，すなわち乳幼児期における発達特徴や発達環境は後の発達にほとんど影響しないということ，つまり乳児期は後の発達に決定的な影響を与える時期ではないということが主張できるように思えます。けれども次に紹介する1950年代から開始された2つの縦断研究では，それと一見相反するような結果が見出されました。

　その1つは，ワーナーという学者によって行われた研究です(Werner & Smith, 1982；ワーナー, 1989)。これは，ハワイのカウアイ島で1955年に生まれた698名の子どもを対象として，成人期までおおよそ30年間にわたって発達過程を追跡したという大規模な調査です。その主な結果として明らかになったのは，出生前後の時期（周産期）に低体重等の何らかの危険因子が見られた子ども201名のうち，およそ3分の2にあたる129名に，10歳までに学習や行動上の問題，または非行歴や精神医学的な援助を必要とする問題が生じたというものでした。

　またもう1つの研究は，トマスやチェスという心理学者ら(Thomas et al., 1963；Thomas & Chess, 1977)によって行われた「ニューヨーク縦断研究」と呼ばれる，生後2～3ヵ月から青年期までの発達過程を追跡した研究です。この研究では，初めに生後2～3ヵ月の乳児を持つ母親を対象に面接が行われ，子どもの様子（気質）によって「取り扱いの容易な子ども (Easy child：40%)」，「取り扱いの困難な子ども (Difficult child：20%)」，「時間のかかる子ども (Slow-to-Warm-Up child：15%)」の3つのグループと，特徴が特に見出せない平均的な子ども（残り25%）のグループへ分類がなされました。そしてその後，青年期にかけて，この子どもたちに行動上の問題や精神医学的に何らかの援助が必要とされる問題が生じたかどうかが調べられました。その結果明らかになったのは，

何らかの問題が全体の30％の子どもに生じたということ、さらにこれを生後2～3ヵ月時点での気質のグループ別に見てみると、「取り扱いの容易な子ども」の中で後に問題が見られたのは18％であったのに対し、「取り扱いの困難な子ども」ではその割合が70％に、「時間のかかる子ども」でも40％に達していたということだったのです。

　ワーナーの研究およびニューヨーク縦断研究から読みとれることは、発達初期に何らかの危険因子もしくは困難さといった負の条件があると、後に高い割合で行動上の問題が生じるということのように思えます。しかし、先に取り上げたケイガンらの研究から示唆されたのは、発達初期の問題から後の行動傾向を予測することは困難だろうということでした。私たちはこれらの一見相反する結果を、いかに読みとったらよいのでしょうか。

4.「相乗的相互作用モデル」という視点

見方を変えると……

　さて、前節で触れたワーナーの研究とニューヨーク縦断研究の結果は、別の角度から見ると次のように示すこともできます。ワーナーの研究は「周産期に危険因子が存在した子のうち、3分の1の子どもには特に援助を必要とするような問題は生じなかった」ということです。また、ニューヨーク縦断研究の結果もこれと同様に「『取り扱いの困難な子ども』のうち30％、『時間のかかる子ども』のうち60％には、特に何の問題も生じなかった」ということになります。

　ワーナーの研究においても、ニューヨーク縦断研究においても、発達初期に何らかの問題があった子に、確かにその後一定の割合で問題が生じたことは事実です。しかしながら、発達初期に何らかの

問題があっても，その後何ら問題を生じなかった子が一定程度いたこともまた事実なのです。これらの結果は，子どもの心の発達を形づくる要因の問題が決して単純なものではないということを示唆しています。確かに「大多数の子どもたち」に目を向ければ，子どもの発達は発達初期までの過程に強く影響を受け決定されているように見えます。しかしその一方で「発達初期の悪い条件下にもかかわらず『悪くならなかった』子」が，一定程度の割合で存在することも確かです。少なくとも後者の子どもには，第2節で見てきたような，これまで子どもの心の発達に関して広く一般になされてきた説明は当てはまらないということがいえそうです。

　それでは，我々はこの子どもたちの発達過程をどう考えたらよいのでしょうか。人間の発達過程には「例外がある」「個人差がある」ということがよくいわれます。これにならって，先の例における「発達初期の悪い条件下で悪くならなかった」子どもたちは，一般的な発達過程をたどらなかったいわゆる「例外」的なケースであると考えてよいのでしょうか。もしくは「個人差」の範囲内であると解釈すればよいのでしょうか。しかしながら，このような子どもの割合は，ワーナーの研究でいうところの「残り3分の1」，またトマスらの研究でいうところの「取り扱いの困難な子ども」の30％，「時間のかかる子ども」の60％に相当するわけですから，「例外」や「個人差」という言葉で説明するには，その人数が少しばかり多すぎます。

　子どもの心とその発達についての妥当な説明とは，「発達における個人差」や「例外」ということの中身をきちんと説明できるもののことを指すのではないかと思います。これまでの多くの研究において，「個人差」や「例外」は「子どもの発達」を説明するための用語でした。例えば「同じ家庭に生まれても性格が違うのは，それぞれに個人差があるからだよ」というようにです。しかし本来説明

されねばならないのは、そもそも個性的であり「個人差」にあふれ「例外」をたくさん含んだ多様な子どもの心が、どのような過程を経て成り立っていくのかということであったはずです。つまり、「個人差」や「例外」とは、説明するための言葉ではなく、「発達」が説明されるのにともなって、それ自体がきちんと説明されねばならない言葉なのです。

　このような立場に立ったとき、子どもの心の発達についての妥当な説明とは、「大多数の子どもに当てはまる心の発達の筋道」の説明ではなく、「すべての子どもに個性ある心の発達がなぜ生じてくるのか」についての説明であるといえるでしょう。そう考えると、これまで一般に流布してきた「○歳までが勝負」というような発達初期の特定の時期に後の発達の要因を帰着させる説明では、子どもの心とその発達の問題を考えるにあたっては不十分さが残ります。それは「大多数の子どもに当てはまる心の発達の筋道」を説明しますが、発達において「例外」や「個人差」が生じる様子、いいかえれば「個性ある心の発達」が生じる様子を説明しきれないだろうと考えられるからです。つまり、この問題をより妥当な形で説明するには、発達初期の特定の時期に後の発達の要因を帰着させる、これまで一般になされてきた説明ではなく、それとは別のモデルを模索する必要があるということになります。

相乗的相互作用モデル

　改めて考えてみましょう。出生期前後に危険因子が存在した子どもの全員に後に身体的・心理的発達の問題が生じたというわけではなく、相当数の子どもはその後順調な発達を遂げたという事実、また、「取り扱いが困難な子ども」であっても相当数の子どもは後に特別な問題がないまま順調に発達を遂げたという事実が示唆するのは、発達初期の子どもの状態もしくは発達環境から直接に後の発達

4.「相乗的相互作用モデル」という視点

の道筋が決定されない、ということです。では、いったい発達初期における要因と、その後の発達過程との間にはどのようなつながりがあるのでしょうか。

これに関して示唆的なのは、心理学者のサメロフ（A. J. Sameroff）や三宅和夫らが提唱している、相乗的相互作用モデル（transactional model）です。サメロフは子どもの側と発達環境としての大人（養育者）の側が交互に作用しながら、後の発達過程が織り上げられていくさまを、次のような例で説明しています。

例えば、子どもが合併症を持って産まれたとします。子育てに特に不安を感じていなかった親でも、幾分不安になるかもしれません。強い不安を抱いている親ならなおさら不安が強まるでしょう。このことが原因で、生後しばらくの間親子のやり取りが不安定になる可能性があります。その結果として、徐々に子どもの授乳や睡眠のタイミングが不規則になっていくかもしれません。そしてこれによって、親は子どもとのやり取りのペースが合わなくなり、子どもから受ける喜びが減ってしまうことで、結果的に子どもとかかわる時間そのものが減少していく可能性があります。このような形で最終的に、子どもの側に周囲とのやり取りの少なさを原因とした言葉の遅れや情緒の障害が生じうる、という事例です（Sameroff, 1974；1987）。

三宅らもこの例と同様に、発達の過程において子どもの側と大人の側が交互に作用しながら、やり取りや問題が深化していく例について記しています（三宅・陳, 1981 a）。104〜105 頁の図 6-1・6-2 は、これらのモデルを図示したものです。

相乗的相互作用モデルによって示されているのは、発達初期における特定の要因が直接子どもの心の発達へと影響するのではなく、それも含めた複数の要因がお互いに作用し合いながら、時間とともに形を変えていきつつ子どもの心の発達へ影響を及ぼしていくとい

養育者　　　　　　不安　　　　　　回避

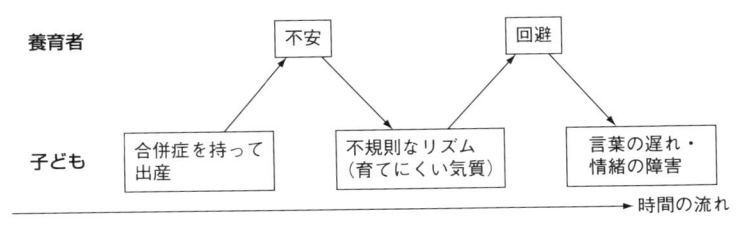

子ども　合併症を持って　　不規則なリズム　　言葉の遅れ・
　　　　出産　　　　　　（育てにくい気質）　情緒の障害

　　　　　　　　　　　　　　　　　　　　　　→ 時間の流れ

図 6-1　相乗的相互作用モデルの例①　(Sameroff, 1987を改)

うモデルです。仮に出生前後に何らかの問題があったとしても，それが直接その後の発達に影響を与えるということにはなりません。他の環境要因とセットになったとき，それは初めて子どもにとっての問題として出現することとなります。そして図 6-1・6-2 からも明らかなように，仮に大人から子どもへのかかわりが外見上同じような行為に見えたとしても，いつの時点でそれがなされたかによって，それらは互いにまったく異なる意味を持つことになるのです。さらにその後の大人から子どもへのかかわり方も，それ以前の時点における子どもの様子によって規定され，生み出されていくものだといえます。そもそも人の行動の意味は，行動を起こす側だけでなく受け手の側との相互の関係の中でのみ生まれるものです。これは例えば「じゃんけん」において，同じ「グー」を出したとしても，勝ち負けという「意味」は「相手が何を出したか」という相手との関係で初めて決まるというのと同じことです。こう考えると，同じ大人からのかかわりであっても，それが問題になる場合とならない場合があるのは，ある意味でごく当然のことなのです。

　子どもの心の発達は，以上のように子どもの側と，大人などそれをとりまく環境側の要因が相互に影響し合い，深化していく複雑な過程の中で生じるものだと考えられます。発達初期に見られる子どもの特徴は，それが周囲の大人も含めた「環境」とどう相互に影響し合うかによって，その後はまったく違った様相を見せるといって

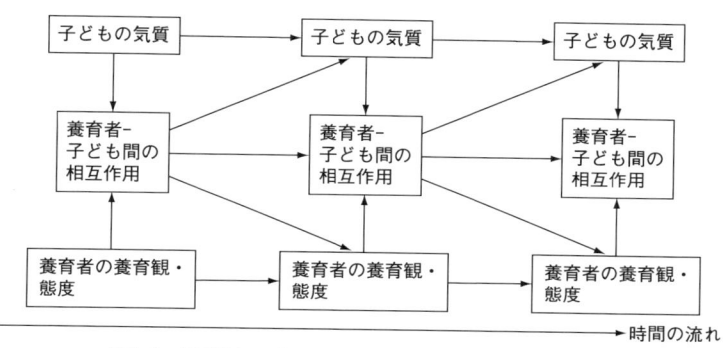

図 6-2　相乗的相互作用モデルの例②（三宅・陳，1981 b を改）

よいでしょう。一見同じような大人からのはたらきかけでも，子どもそれぞれの発達の程度によってそれが持つ意味は違ってきます。そして後の大人からの働きかけも，子どもの側の反応に規定され決まっていきます。子どもの心の発達とは，このような過程が重ねられていく中で，いわば布が徐々に織り上げられていくようにして次第に個性化していく過程だと考えられるのではないでしょうか。

　子どもの心の発達を，ただ単に子どもの側の要因や，大人の側のかかわり方，もしくは特定の年齢期までにすべてが決められるものだと考えずに，いつの時期も常に織り上げられていくものだととらえることは，発達初期の時期を軽視しても構わないということとイコールではありません。発達初期は子どものこれからの発達を紡ぎ出す始まりという意味で，依然として重要だといえるでしょう。相乗的相互作用モデルのような見方によって可能になるのは，従来のモデルでは十分にとらえきれなかった部分に光を当てるということだと思います。もう少し踏み込んでいえば，このようなモデルで子どもの発達をとらえるとは次のようなことだと考えられるでしょう。例えばそれは，仮に子どもの発達に何らかの問題が見つかった場合に，その原因として遺伝やそれまでの発達過程における特定の時期

のかかわり方を考えるのではなく，子ども - 大人というシステムの噛み合わせがぎこちないまま進んだことが原因であると考えるということです。ここを出発点とすることで，次のような見方が可能になります。

第1は，仮に子どもの発達上の問題が生じた際に，ただ単に子ども，もしくは大人という一方の側を変えようというのではなく，いかに両者の噛み合わせをよくしていけばよいのかという視点から問題へのアプローチができるということです。こうした見方は，子どもの発達過程を固定的・運命的に捉えるのではなく，子どもはいつの時期も十分に変わりうる可能性があるのだという視点へとつながっていきます。

第2は，発達初期のかかわりの重要性を漠然と訴えるのではなく，より強調すべき部分に焦点を当ててそれを伝えることが可能になるということです。これによって例えば，発達初期の子どもとかかわる親や保育者に対し，一律にその時期のかかわりの重要性を訴えるのではなく，子どもの中には「かかわりにくい」気質を持つ子どもがいるということ，そういった子に対しては特に，より手間をかけて丁寧にかかわることが重要であること，またそうすることで子どもの「かかわりにくさ」は徐々に変わっていく可能性があることを訴えることができるようになるでしょう。またここからは，「かかわりにくい」子どもをとりまく親や保育者に対し，より早期にそれをサポートするシステムを社会として構築していくという視点も生み出していくことができるように思います。

以上のように，相乗的相互作用モデルから明らかになったのは，子どもの性格や個性の形成過程，すなわち子どもの心の発達の過程は，「生後のある特定の年齢までの育ち」や「家庭での育てられ方」「遺伝」といったある特定の要因1つだけでは決まらないのではないかということでした。子どもの心の発達は，子どもとそれをとり

まく大人がぶつかるところに初めて生まれ,織り上げられていく複雑な過程です。また,だからこそ人間はさまざまな個性を持った姿へとなりうるのだといえるでしょう。

5. おわりに

　子どもの心が発達していくとは,子どもが当初定められた生まれつきの運命にしたがって大きくなっていくことでも,大人によって定められた道を目標に向けて進んでいくということでもありません。本章で明らかにしてきたように,子どもの発達とは,ある特定の要因から直接に規定されない,当該の子どもとまわりの大人も含めた環境との間で少しずつ織り上げられていく過程です。私たちひとりひとりがこれまで積み上げてきたその人なりの自分史を持っているように,どの子もこうした過程を通じて,その子独自の自分史を織り上げていくのです。

　人はその個体の発達過程の中で,「子育て」という大人 - 子ども間をつなぐ行為を軸として,大人をはじめとした周囲の人々とともに自らの発達過程を紡ぎ出し,織り上げていきます。そして齢を重ねると,今度は逆に次の世代の発達過程を織り上げる側にまわるわけです。この過程を何千回,何万回と重ねたところに見えてくるのが,種としての人間の「歴史」や「文化」というものだといえます。個体としての人は,その過程の中で今ある姿になってきたわけです。つまり,人間の発達過程の中には,これまでにいくつもの個体が相互に作用する中で作り上げてきた歴史および文化が,必然的に織り込まれるということになります。

　人間の発達過程は,遺伝子により運命づけられているものでも,発達初期のある特定の時期に育まれたものにより固定されるものでも,特定の子育てスタイルから直接に影響を受け実現されるもので

もありません。それは、人間自身が作り出した歴史と文化を背景にした「子育て」という行為を通じて徐々に個性的に織り上げられ、実現されていくものなのです。もちろん、皆さん自身の心も、こうした過程の中で形づくられて、さらには次の世代へと織り込まれてゆくのだといえるでしょう。

【引用文献】

Kagan, J. 1979 Overview : perspectives on human infancy. In Osofsky, J. D. (Ed.) *Handbook of infant development*. New York : Wiley.

Kagan, J., & Moss, H. A. 1962 *Birth to maturity*. New York : Wiley.

三宅和夫・陳省仁 1981 a 乳幼児発達研究の新しい動向（一） 児童心理, **35**(8), 158-177.

三宅和夫・陳省仁 1981 b 乳幼児発達研究の新しい動向（二） 児童心理, **35**(10), 166-184.

Sameroff, A. J. 1987 The social context of development. In Eisenberg, N. (Ed.) *Contemporary topics in developmental psychology*. New York : Wiley. pp. 273-291.

Sameroff, A. J. & Chandler, M. J. 1974 Reproductive risk and the continuum of caretaking cauality. In Horowitz, F. D. et al. (Eds.) *Review of child development research*, vol. 4. Chicago : Unversity of Chicago press. pp 187-244.

澤口俊之 1999 幼児教育と脳 文藝春秋.

新・0歳からの教育 2001 ニューズウィーク日本版（Special Edition ; 2001.4.10.） ＴＢＳブリタニカ.

Thomas, A., Bitch, H. G., Chess, S., Hertzig, M. E., & Korn, S. 1963 *Behavioral individuality in early childhood*. NY : New York University Press.

Thomas, A., & Chess, S. 1977 *Temperament and development*. Brunner : Mazel.

ワーナー, E. 1989 カウアイ島の子供たちの成長記録 サイエンス（日経サイエンス社), **1989**(6), 86-93.

Werner, E., & Smith, R. S. 1982 *Vulnerable but Invincible*. New York : McGraw-Hill.

🌸 読書案内 🌸

◆三宅和夫　子どもの個性―生後2年間を中心に　東京大学出版会．
　子どもの個性がいかに生じてくるかという問題について，相乗的相互作用モデルの提案者がより詳しく述べている。出生直後の子どもの気質差に関する研究が豊富に紹介され興味深い。

◆白石正久　子どものねがい・子どものなやみ―乳幼児の発達と子育て　かもがわ出版．
　子どもの発達とは「子どもの願い」をもとに，周囲の大人や仲間との間でひとつひとつ織り上げられていく過程であるということがよく理解できる。写真や事例も豊富で，姉妹書「発達の扉（上・下）」とともに，乳幼児の発達を理解するのに最適である。

第7章
青年は悩みながら成長する

　青年は，子どもと大人とに挟まれた場所に位置しています。青年は，周囲の大人から保護された子どもではありません。しかし，だからといって，青年は1人で生きていけるだけの力を持った大人でもありません。そうした中途半端な存在としての青年の特徴の1つは，その不安定さにあります。自信と不安，肯定感と否定感，喜びと悲しみなど，青年は相反する二極の間を微妙に揺れ動きながら毎日を過ごしているのです。ちょっとしたことで大きく悩んだり，落ち込んでしまったりすることも少なくありません。

　この章では，青年とは切っても切り離せない関係にある悩みに焦点を当て，その性質や内容について検討していきます。そのことを通じて，悩むということが青年の成長にとってどのような意味を持っているのかを考えてみたいと思います。

1. 青年はどんな悩みをもっているのか

イライラした感情

14歳といえば、青年期の初めにあたります。いわゆる第二反抗期の真っ只中です。そのために、悩みも多く、それが何となくイライラした感情として現れたりします。

NHK（1998）が1,900人を対象に実施した調査結果によると、「イライラしたり、むしゃくしゃしたりすること」が「毎日ある」が14％、「時々ある」が59％、「ほとんどない」が24％、「まったくない」が2％でした。このように、7割以上の中学生がイライラ感を持ちながら日々の生活を過ごしているのです。例えば、ある中学生は、自分の気持ちを次のように述べています。

> 何が嫌なわけではないけれど、ムカツク。何でもないのに、時々泣きたくなる（たぶんストレス）。学校に行きたくないわけでもないが、来ると、来なければ良かったと思う。今の学歴社会では、日本の行く先は不安。何かに熱中するということが、どういうものか、よく分からない。毎日が疲れる、死にたくなる。無性に空を飛びたいと思う。マンガ、小説の世界に入りたいと思う。人がとてもうらやましい。自分がキライでキライでしょうがない。だれかほかの人になれたら、と思う。
> （NHK, 1998, p. 116）

この青年にとっては、自分自身のことも社会のことも、そのすべてが悩みやストレスの源になっているようです。それゆえ、「毎日が疲れる、死にたくなる」「自分がキライでキライでしょうがない」などと、非常に否定的な気持ちになったりするのでしょう。こうしたイライラした感情は決して特殊なことではなく、青年期において

はごく当たり前のことだといえます。この時期には心身が急激に成長していくので、身体的にも精神的にもバランスが崩れやすくなります。そうしたことが、このような悩みの背後にあると考えられます。

調査データにみる青年の悩み

図7-1に示されているのは、国立市教育委員会（2002）が子どもの意識について調査した結果の一部です。「悩みがない」と回答したのは、中学生で12.0％、高校生ではわずか5.7％にしか過ぎませんでした。大部分の中高生は何らかの悩みを持っているのです。そして、悩みの内容は実にさまざまです。

その中で最も多かったのは、中学生では、勉強や成績の悩み（67.2％）、高校生では、将来や進路の悩み（61.1％）でした。第2位は、中学生では将来や進路の悩み（41.8％）、高校生では勉強や成績の悩み（52.3％）でした。この2つの悩みは、それ以外のものに比べて非常に強いことが特徴です。中学生・高校生にとって、高校進学・受験、高校卒業後の進路は自分の人生のあり方を決定する大きな分岐点となります。そして、進路の決定に際しては、勉強の成績が大きな比重を占めています。したがって、勉強や進路についての悩みが強くなるのでしょう。

都筑（1983）によれば、20年前の調査でも、中学生の悩みや心配ごとの上位は進学（受験）のこと（45.0％）、勉強のこと（39.0％）であり、高校生の場合にも進学や就職のこと（49.0％）、勉強のこと（32.4％）となっていました。このように、中高校生の主な悩みは勉強や進路のことであり、この傾向はこの間ほとんど変わっていないということになります。

第3位以下は、中学生と高校生では多少順位が異なっていますが、お金の悩み、自分の容姿、性格や癖についての悩み、友だち、異性、

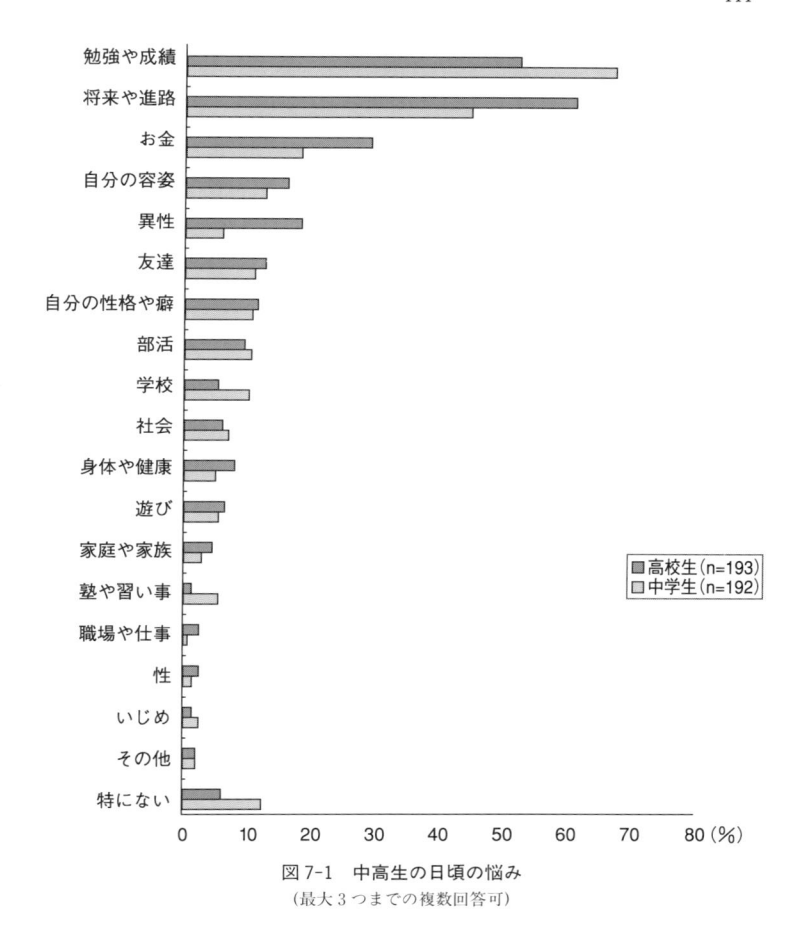

図 7-1 中高生の日頃の悩み
(最大3つまでの複数回答可)

凡例: ■高校生(n=193) □中学生(n=192)

項目（上から）: 勉強や成績, 将来や進路, お金, 自分の容姿, 異性, 友達, 自分の性格や癖, 部活, 学校, 社会, 身体や健康, 遊び, 家庭や家族, 塾や習い事, 職場や仕事, 性, いじめ, その他, 特にない

部活についての悩みが続いています。高校生が中学生よりも悩みの大きかったものは，異性やお金についてでした。このような結果は，年齢が高くなるにつれて，異性とのつきあいが増えることや，行動範囲が広がってお金も必要になってくることによるのだと考えられます。

2. 青年のさまざまな悩み

大きくなる悩み

　児童期後期から青年期前期にかけてのいわゆる思春期と呼ばれる時期は、第二発育急進期であり、身体が著しく伸びていきます。1年間に10 cm以上も背が伸びたりします。

　この思春期のスパートと呼ばれる急激な身体発達は、女子の方が1～2年早く訪れます。厚生労働省保健医療局の国民栄養調査(1998年)によると、10～11歳では女子は平均身長において男子を上回っています(女子10歳 140.2 cm, 11歳 145.2 cm, 男子10歳 137.4 cm, 11歳 144.2 cm)。

　そして、この時期は身体発達と同時に性的成熟が進行する時期でもあります。それまでガリガリにやせていた女子も、次第にふっくらとした丸みをおびたからだつきになってきます。男子は、ヒゲが生えてきたり、声変わりをしたりするようになります。このようなからだの変化は、自らの意志とはかかわりなく、どんどんと進行していき、思春期の子どもたちの心を大いに惑わせるのです。まさに、自分のからだであって、自分のからだでないような状態とでもいえるでしょう。

　このような性的成熟の発現は心理的にも大きな影響を及ぼすことが分かっています(齊籐, 1993)。表7-1に示されているように、性的成熟に対して、男子では「別に何とも思わなかった」や「大人になる上で当たり前だと思った」という回答が多かったのに対して、女子では初潮の発現について「嫌だったが仕方ないと思った」という回答が多いという特徴がありました。このように、自分自身の意志とはかかわりなく生じてくる性的成熟に対する受け止め方には、微妙な性差があるのです。

表7-1　性的成熟の発現に対する心理的受容度

	男子			女子		
	変声	恥毛の発毛	精通	乳房の発達	恥毛の発毛	初潮
大人になれて，とてもうれしかった	2.9	4.4	2.5	11.6	7.0	15.7
大人になる上で当たり前だと思った	26.1	37.8	47.5	17.4	15.5	20.0
別に何とも思わなかった	56.5	34.4	30.0	58.0	38.0	18.6
嫌だったが，仕方ないと思った	10.1	18.9	12.5	11.6	31.0	38.6
とても嫌で，できればそうなってほしくないと思った	4.3	4.4	7.5	1.4	8.5	7.1

からだについての悩み

　図7-2には，中学生がこの1年間で悩んだことを男女別に示してあります（深谷ら，2001）。それを見ると，女子では，顔など自分の外見，身長や体重についての悩みが，男子に比べて非常に強いことが分かります。身体的な特徴は，周囲の人からも容易に見てとることができます。第二次性徴にともなって大きく変化していく自分のからだについて，女子の方がより鋭敏に意識しているといえるでしょう。

　からだについてのイメージをボディー・イメージといいます。急激にからだが発育する時期には，適切なボディー・イメージを保つのは難しいものです。それに加えて，今の日本社会においては，やせていることに対する「社会的な価値づけ」が高く，雑誌や新聞などでの広告などでも，いかにしてやせるかという特集や宣伝がたくさん掲載されています。マスメディアを通して大量に流される「やせていることは善，太っていることは悪」といった考えが，青年たちにも大きな社会的圧力となっているのではないでしょうか。

　深谷ら（2001）の調査によれば，やせている人のイメージは「運動神経がよさそう」（49.3％），「人からうらやましがられる」（39.8％），「かっこいい」（38.3％）であり，やせたい理由は「自分に自

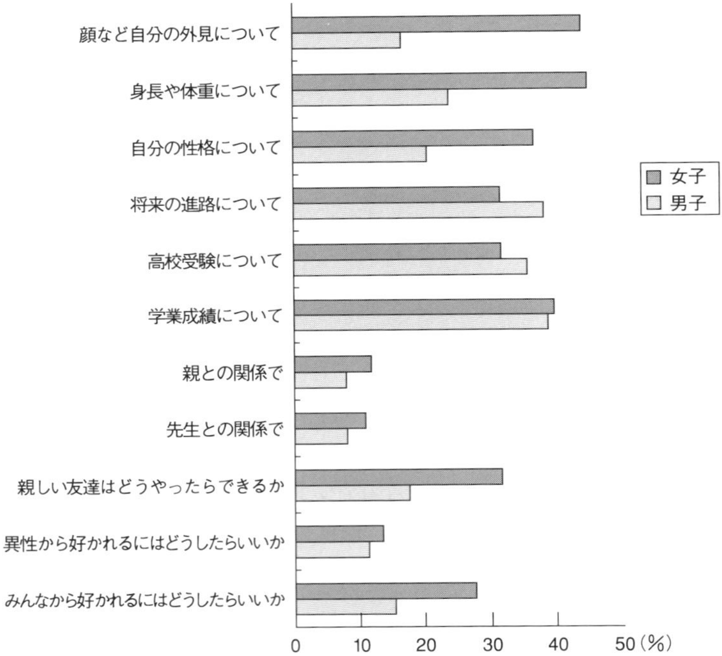
顔など自分の外見について
身長や体重について
自分の性格について
将来の進路について
高校受験について
学業成績について
親との関係で
先生との関係で
親しい友達はどうやったらできるか
異性から好かれるにはどうしたらいいか
みんなから好かれるにはどうしたらいいか
女子
男子
0
10
20
30
40
50（%）

図 7-2　中学生の悩み

信が持てる」(45.6 %),「もっとおしゃれができる」(43.7 %),「スポーツがうまくできそう」(41.1 %) というものでした。

希望する体重を聞いたところ「10 kg以上やせたい」と思っているのは男子 7.7 %, 女子 16.6 %,「5 kgぐらいやせたい」と思っているのは男子 9.5 %, 女子 27.9 %,「2, 3 kgやせたい」と思っているのは男子 12.2 %, 女子 26.3 %でした。このような結果から, 女子において「やせ願望」が強いことが分かります。実際にダイエットを試みた経験も女子の方が男子よりも高く, 女子では 64.4 %, 男子では 26.9 %がダイエット経験があると答えています。これら

のことからも，女子が男子よりも，「他者」の目を気にし，やせることへの「社会的期待」に敏感に反応する傾向にあることが示されているといえます。

自分についての悩み

いまの日本において青年は，中学，高校，大学あるいは社会人というように，学校教育の階梯を昇っていくことを通じて，自らの進路を選んでいきます。学歴社会と呼ばれる競争的な状況の中では，青年の悩みも大きく，深くなっていきがちです。しかし，その一方で，その過程は自らの生き方を考え，自らの内面を見つめる機会でもあります。この過程は，まさにルソー（J. J. Rousseau）が言うところの「第2の誕生」であり，新しい自分を創り出すうえでの産みの苦しみを味わうことにもなるのです。

エリクソン（1982）は，青年が「自分は何者か」という問いを自らに発し，そして，それに対する答えを見つけることが青年期における発達的な課題であると考えました。このような，「自分が自分である」という意識を，アイデンティティといいます。アイデンティティとは，1つには，過去・現在・未来という時間的な流れの中で一貫している自分であるという意識を指します。もう1つは，今という時代において，社会の中で他の人々とともに生きている自分が他者と大切なものを共有しているという意識を指します。この2つの側面からアイデンティティは成り立っているのです。それは，時間と空間とが交差する座標軸上において，自分の存在が確固としたものとして位置づけられているかどうか，ということでもあるのです。

もちろん，こうした青年期におけるアイデンティティの達成は，青年期に入ってから突如としてあらわれるものではありません。乳児期において周囲の人々の関係において獲得される基本的信頼感，

幼児期において社会的なしつけを受けとめ自らの衝動を統制していく力を内在していく自律性，児童期において自らの要求を表現していく自発性，学童期における勉学の経験から自らの有能感を育てていく勤勉性など，青年期以前の発達段階で獲得されていく力とあいまって，青年のアイデンティティが達成されると考えるのが妥当だといえます（図4-2参照）。

自己肯定感のゆらぎ

アイデンティティを達成しようとするなかで，青年は，自分に対してどのような感情を抱いているのでしょうか。図7-3は，約5,600人の児童・生徒を対象にした調査結果です（大阪教育文化センター「子ども調査」研究会，1992）。小学生に比べて，中学生・高校生では「自分のことが好き」という割合が減少し，「どちらともいえない」が増加しています。また，どの学年でも女子の方が「いいえ」という割合が男子よりも多くなっています。こうしたことは，青年期には自分を素直に好きになれず，自己肯定感情が揺らいでいる様子を示しているといえるでしょう。

さらに，同じ調査結果によれば，友だちなどの目を気にする児童生徒はどの学年でも3～4割に達しているとともに，他者との関係において自分が悪いと思うような傾向は学年とともに増加しています。このことが示すように，自己肯定感情を持ちきれないという傾向は，青年が他者から自分がどのように見られているのかという評価的なまなざしを強く意識し，それにとらわれ，しばられていることと関連しているといえるのではないでしょうか。そのような傾向は，とりわけ女子において顕著であるといえます。

親との関係についての悩み

青年にとって身近な大人である親は，尊敬すべきモデルでもある

図 7-3　自己肯定感情の学年差

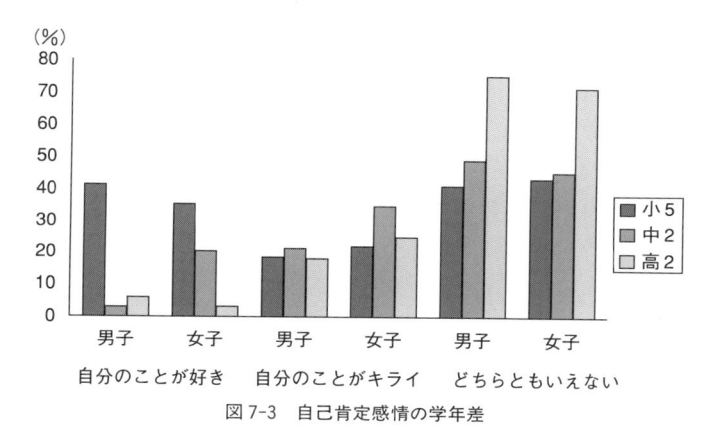

と同時に，また，他方では，忌み嫌われる対象でもあります。先ほどのNHK（1998）の調査によれば，「分からないことを教えてくれる」「社会のことをよく知っている」「毎日働いている」「いつでも家族を考えている」親の姿に対して，中学生は素直な気持ちや尊敬の念で接しています。ところが，「勉強しろとうるさい」「何かを始めようとするときに，家の手伝いをやれと言う」「受験生なのにと言って，遊んでいると嫌みを言われる」「人の部屋に勝手に入る」という親に対しては，中学生は嫌悪の感情を示しているのです。

このように，親に対して肯定と否定の両面的な感情をあわせ持つことは，第二反抗期の青年の特徴だといえます。これまでは親に依存し，親の保護のもとで生活していた青年が，次第に，自分の意見を主張し，親から離れていこうとするために，親に対する批判的な目を強めていくのです。自立を求めるゆえの葛藤や悩みとして理解することができると思います。

友人関係の悩み

青年にとって，友人はとても重要な役割を果たしています。ギャ

ングエイジと呼ばれる児童期後期においては，友人は社会的ルールを学んだり，対人関係のスキルを学んだりするうえで欠くことのできない存在です。そして，青年期に入っていくと，友人との関係は次第に内面的なものに変わっていきます。

指定都市教育研究所連盟（2000）の調査では，今の友達と付き合っている理由として「席や家が近いから」を挙げた割合は小学4年生16.1％，小学6年生8.9％，中学2年生9.5％と減少していくのに対して，「性格が似ているなど気が合うから」を挙げた割合は，小学4年生27.2％，小学6年生41.5％，中学2年生46.7％と増加していました。このような結果は，青年期に入って，友達との関係が表面的なものから深まっていく様子をあらわしているといえるでしょう。

中学生が悩みを相談する相手は友達（64.5％）が断然多く，親（36.5％）の2倍近くになっています（NHK，1998）。このように，青年にとって友達は大変重要なものであると同時に，先ほども紹介したように，友達からどのように見られているかに対して非常に敏感に反応するようにもなっていくのです。同じNHK（1998）の調査によれば，友達から無視されたと感じたことがある人は，「よくある」が3.0％，「時々ある」が20.0％となっています。友達に暴力をふるったことがある人の割合も42.0％でした。このような結果から考えてみると，青年にとって友達は，「悩みを相談する相手」であるとともに，「悩みの原因」でもあるという二重の意味を持っているといえるのではないでしょうか。

友人に対して近づけば近づくほど，そして，かかわりの質が深まれば深まるほど，友人との間に葛藤や悩みも生じやすくなると考えられます。

3. 悩む青年と悩まない青年

悩みを打ち明けられない青年

　総務庁（1998）が実施したいじめについての調査では，いじめられた経験を持つ中学生は31.4％（そのうち，いまもいじめられているが3.2％），いじめた経験を持つ中学生は31.8％（そのうち，いまもいじめているが2.6％）ということでした。他の人がいじめられているのを見たことがある人は58.8％，この1年間の間に友だちから暴力を受けたことがある人は22.7％にも及んでおり，学校生活のなかで，いじめが日常化している様子がうかがわれます。

　このように，現在，学校生活においていじめは大きな問題となっています。実際にいじめられたときに，どのようにして深刻な悩みを相談するのでしょうか。先ほどの総務庁（1998）の調査結果を表7-2と表7-3に示しておきました。中学生では，親や先生に対して相談した人の割合が小学生よりも減少していたのに対して，友達に相談した人の割合は増加していました。また，誰にも相談しないで我慢した人の割合は減少していました。しかし，その一方で，表7-3に見られるように，中学生では，他の人がいじめられているのを見たときに，助けたり励ましたり，いじめている人を注意したり，先生に話す人の割合が小学生よりも減少していました。同時に，何もしなかった人の割合が大きく増加しており，年齢が高くなるにつれて，いじめ行為を傍観者的に眺めている傾向が強まっていることが分かります。これらの結果からは，青年期に入った中学生においては，いじめを振るう加害者，いじめという行為で悩んでいる被害者，そして，その悩みを見て見ぬ振りをしている傍観者という構造がはっきりとしてくるといえるのではないかと思います。

　学校教師としての長い経験を持つ尾木（2000）は，1985年から

表 7-2　いじめられたときの対応

	小学生	中学生
親に相談した	52.8	31.3
やめるように言ったり，逆らったりした	31.1	29.5
先生に相談した	39.0	22.9
友だちに相談した	23.0	28.6
先生に手紙等で相談した	5.1	4.0
学校のカウンセラー等に相談した	1.1	1.0
電話相談で電話した	1.0	0.7
誰にも相談しないで我慢した	42.5	35.0
無回答	1.5	2.1

表 7-3　他の人がいじめられているのを見たときの対応

	小学生	中学生
いじめられている人を助けたり励ましたりした	35.5	25.0
いじめている人を注意した	37.1	17.5
先生に話した	25.9	13.9
自分の親に相談した	19.1	14.3
先生等に手紙で伝えた	1.7	1.5
学校のカウンセラー等に相談した	0.4	0.3
何もしなかった	28.1	52.4
無回答	2.5	2.4

1995年までの10年間の新聞報道内容を検討し，いじめで自殺したと判断できるのは，小学5年生が2人，6年生が3人，中学1年生が5人，2年生が17人，3年生が15人，高校1年生が2人，2年生が1人ということを明らかにしています。尾木(2000)は，いじめが小学校低学年でも多発しているのに，自殺が思春期に集中しているのは，彼らが心の傷を深く受けやすいのにもかかわらず，いじめられている自分を弱い存在だと恥ずかしく思い，プライドが高いために人に救いを求められないために，追いつめられてしまうのだと考察しています。誰にも悩みを打ち明けられないままに自らの命を絶つ青年がいるなかで，傍観者のままじっとしているとすれば，

それは見過ごすことのできない問題だといえるでしょう。

悩みを抱えられない青年

　保護観察官として非行少年の処遇について20年近く携わってきた生島（1999）は，最近の少年非行の特徴として，万引きなどの軽微なものから殺人・強盗などの凶悪なものまで，動機が分かりやすく，安直になっていると述べています。そして，学校や家庭で経験するさまざまな葛藤，あるいは自分自身についての葛藤を悩みとして抱えることができず，それゆえ，犯行の理由づけから実際の行為に至るまでに「逡巡」するというプロセスが認められないと指摘しています。

　確かに，世間を大きく騒がせたような特異な殺人事件でも，「人を殺す経験がしたかった」というようなきわめて大ざっぱな「犯行動機」だったことは記憶に鮮明です。また，路上生活者を集団で襲撃して補導された少年たちが，「社会のゴミを退治した」とか「世直しだ」などという自分勝手な理由づけで犯行に及んだりしているのです。

　こうした行為の背後には，生島（1999）が述べているように，「自分の言動が人を傷つけたのではないかと疑い，過去に受けた心の傷を痛み，周囲との葛藤を意識し，未来に不安を持つという《悩むことの前提条件》となるもの」が多くの青年に欠けているという社会的現実があると考えられます。

　それでは，どのようにしたら，悩みを抱えられない青年が自らの悩みを抱えることができるようになるのでしょうか。生島（1999）が述べるそのための援助はきわめて示唆的です。第1は，自分の思い通りにいかない現実を認め，それに向かい合うことを挙げ，彼らを支える援助者とともに，不安や不愉快な体験を振り返り，落ち込むことが必要だということです。ムカツクのではなく，深く内省す

るということです。そして，第2は，理屈にあわないことや一筋縄ではいかないことを体験し，どうにかしたいが，どうにもならないという矛盾を抱え込む体験をする必要性です。ある種の〈理不尽さ〉を体験することで，自らの悩みを抱えるだけの力をつけていくことができるというわけです。

人間誰しも，嫌なこと，不快なこと，不安なことには，できれば目をつぶっていきたいと思うものです。しかし，そうした「負の世界」を直面せず素通りしてしまうことは，青年の発達に決してプラスにはならないといえます。

悩みながら成長しよう

最後に，調査データをもとに，悩むことの大切さについて考えてみることにしましょう。

これまで慣れ親しんだ場所から，新しい場所に移らなければいけないとき，私たちは不安や緊張を感じます。都筑（2001）は，小学校から中学校へ進学しようとするときの思春期の子どもを対象に，そうした環境移行と不安・期待，悩み・楽しみの感情との関係について縦断的調査を行いました。図7-4に示したのは，中学入学を直前に控えた小学校6年3学期に，小学生が中学校生活に対して抱いている期待と不安の感情をもとに，入学後の意識を調べたものです。中学校生活に対して期待と不安の感情をあわせ持っている期待あり・不安あり群が，入学後に最も楽しみを見出していること，そして，同時に悩みも最も多いことが分かると思います。すなわち，入学前は，期待もしているが不安もある，入学後は，楽しいこともあるが悩みもある，ということです。それだけではありません。図7-5に示したように，期待あり・不安あり群は，自分が小学校のときから変化したという点でも，今の中学校生活で熱中していることがあるという点でも，さらには，これから先の中学校生活でやって

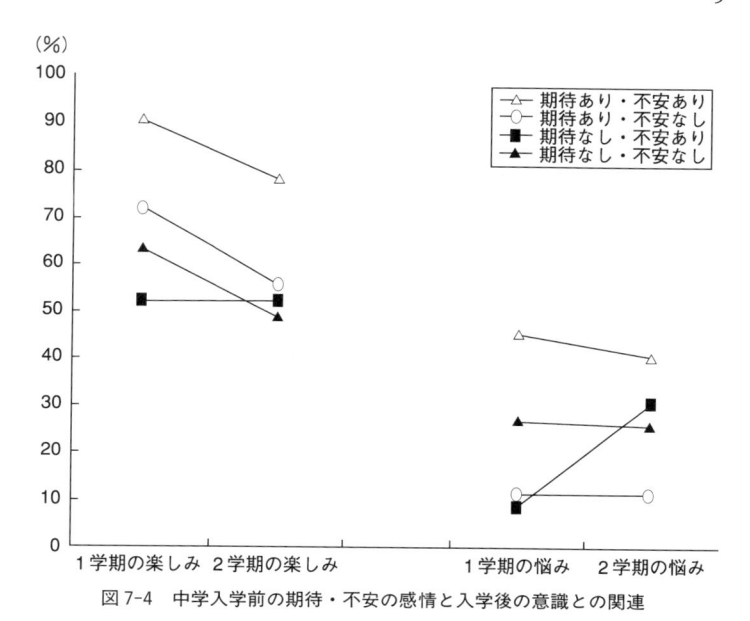

図7-4 中学入学前の期待・不安の感情と入学後の意識との関連

みたいと願っていることがあるという点でも最もその割合が多いことが分かったのです。

このように，中学校生活への期待と不安の両面感情を抱いていた小学生が，実際に体験した中学校生活を最も積極的・意欲的に過ごしていました。ここでは，不安や悩みがあることは，決してマイナスの作用を及ぼしていません。期待や楽しみがはっきり具体的に思い描かれているから，その分だけ不安や悩みも色濃くなるのです。そして，そうした悩みは，青年を前へと進めさせるプラスの働きを担っているといえます。

最近，青年に人気のある「モンゴル800」というバンドの「あなたに」という曲中に，「泣かないで愛しい人よ　悩める喜び感じよう　気がつけば悩んだ倍　あなたを大切に思う」という歌詞があり

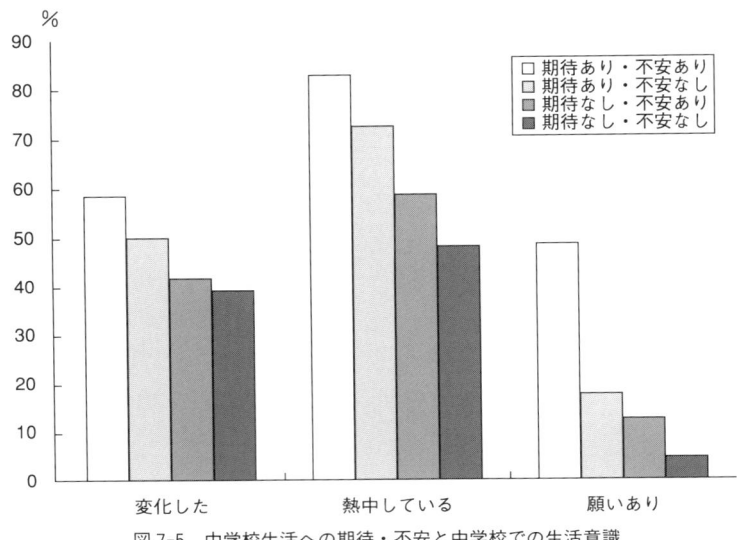

図7-5 中学校生活への期待・不安と中学校での生活意識

ます。ともすれば，私たちは悩みをイヤなもの，持ちたくないものとして見てしまいがちです。しかし，これまで述べてきたことから分かるように，悩むことは決してマイナスなことではありません。悩みを避けたりする方がよくないのです。悩みは，自分自身を，そして，自分と大事な人との関係を見つめるときに，とても大事なものだといえます。皆さんも，悩みを恐れず，悩みながら成長していってください。

【引用文献】

エリクソン，E. H. （小此木啓吾訳編） 1982 自我同一性 アイデンティティとライフサイクル（新装版） 誠信書房（1973年初版第1刷）．

深谷昌志・三枝惠子・深谷野亜 2001 中学生の悩み モノグラフ・中学生の世界，vol.**70** ベネッセ教育研究所．

国立市教育委員会 2002 知ってる!? 子どもの気持ち・おとなの気持ち──

国立市子ども白書——．
NHK「14歳・心の風景」プロジェクト編　1998　14歳・心の風景　NHK出版．
尾木直樹　2000　子どもの危機をどう見るか　岩波書店．
大阪教育文化センター「子ども調査」研究会編　1992　21世紀をになう子どもたち　法政出版．
齊籐誠一　1993　自分の体は自分のものか　落合良行・伊藤裕子・齊籐誠一　青年の心理学　有斐閣　pp.51-89．
生島浩　1999　悩みを抱えられない少年　日本評論社．
指定都市教育研究所連盟　2000　子どもがとらえた教育環境　東洋館出版社．
総務庁行政監察局　1998　いじめ・登校拒否・校内暴力問題に関するアンケート．
都筑　学　1983　青年の進路選択　返田健編　青年心理学　共同出版　pp.157-185．
都筑　学　2001　小学校から中学校への進学にともなう子どもの意識変化に関する短期縦断的研究　心理科学，**22**(2)，41-54．

❦読書案内❦

◆江川紹子　2001　私たちも不登校だった　文春新書．
　学校に行けない，行かない不登校を経験し，さまざまな悩みを抱えながらも自らの人生を切り開いていった8人の青年の生き方を紹介した本。悩んでいる人に勧めたい。

◆伊東秀子・藤井昌子編　「どうせ自分なんて」とつぶやく君に　開隆堂．
　9人の大人が自らの人生について熱く語った本。他人と比べるのではなく，自分の生き方を追求することの大切さが伝わってくる。自分に自信がない人，肯定的な自己イメージを描けない人に勧めたい。

第8章

老人の心
―介護を必要とする老人から見る老人の心―

　本章では，特に介護を必要とする高齢者の特徴について述べていきます。一口に老人といっても，老人という言葉はさまざまな人たちを指します。90歳を超えてもまだ現役でがんばっている医師もいます。また，身体的には健康でも，痴呆を患っている人もいます。

　そこで，本章では，老いるとは何か？ということに焦点を当て，老いることについて考察した後，ある老人の変化について今までとは違った見方で考えていきたいと思います。

1. 老人の特徴〜"老いる"ことの様相〜

"老人とはどのような存在なのか"について考えてみたいと思います。結論から述べてしまえば，老人は，心身ともに青年や成人とはまったく違う存在であるといえます。ここではなぜそのようなことがいえるのかについて，心理学の研究の成果を参考にしながら考えていきます。

老いとは？

"老人"は言葉を補うと"老いる人"となります。それでは，その"老い"とはどのような現象でしょうか。ポイントは，加齢にともなう身体機能の低下であることと，元の状態に戻らない現象であること，そしてその現象は自分の意思とは無関係に生じることです。

とりあえず一般的な辞書の定義を見てみましょう。辞書には，「加齢にともなって身体の機能が低下すること」（大辞林第二版）とあります。つまり，老いとは，加齢にともなう身体の諸機能の低下（吉川，1990）として定義づけられ，「自分の意思に反する身体の裏切り」（天野，1999，p.35）といわれる現象なのです。そしてこの加齢にともなう身体の諸機能の低下は，若い人が"腕の骨を折った"といったこととは性質が異なり，一度低下した機能を回復することは非常に困難です。老いとは，不可避で不可逆的な現象であり，徐々に進行していき，抵抗することが難しい現象なのだと考えられるのです。

老人はひたすら低下するだけの存在なのか？

しかし，老人は低下だけを示す存在ではありません。低下するだけではないことが，特に知能についての研究によって指摘されてい

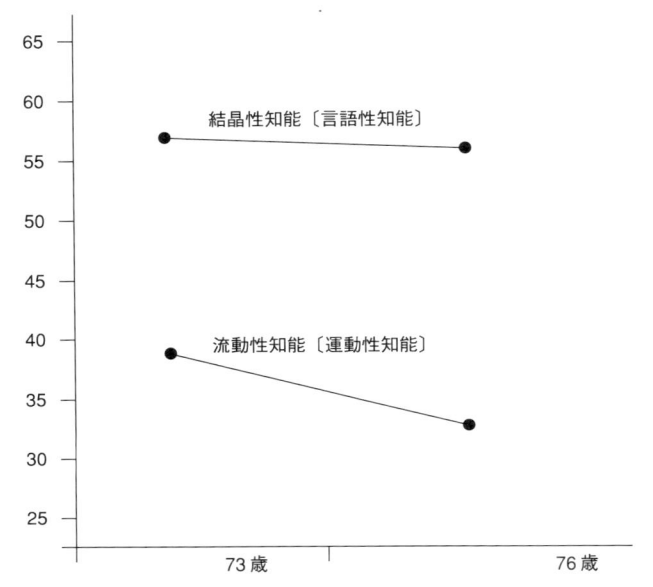

図 8-1　WAIS 短縮版での 3 年間の変化　(中里・下仲, 1990；中里, 1997)

ます（ただ注意してほしいのは、この知能検査は老人用のものではないので、検査結果の妥当性などははっきりしていません）。

　知能についての研究からは、結晶性知能は、流動性知能とは違い、年をとっても比較的低下せず、現状が維持される（中里, 1995；中里・下仲, 1981, 1990）と指摘されています（図 8-1）。ちなみに、それぞれの知能は次のように定義されています。流動性知能は、記憶・推理・計算・図形処理など、いわゆる頭の回転の速さの側面のことをいい、文化や教育の影響を受けにくく、青年期の早い時期に能力のピークが訪れやすいといわれています。そして結晶性知能は、言語理解や経験的評価などが含まれていて、文化や教育の影響を受けやすく、能力のピークが訪れるのはずっと遅いといわれています。

　それでは、この"結晶性知能が現状維持される"とはいったい何

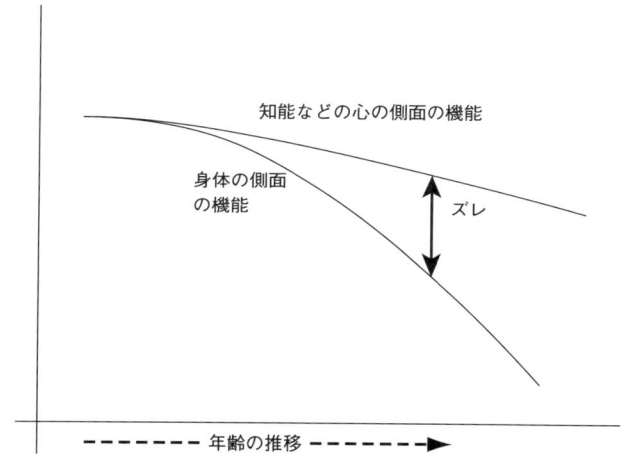

図8-2　身体の側面と心の側面の年齢推移の概略図

を意味しているのでしょうか。それは，知能，つまり心の側面は，あまり老化の影響を受けないということだと考えられます。

このように，老人は，一方で身体機能の避けられない不可逆的な低下を経験しつつ，他方で知能といった心的側面が現状維持されるのを経験する存在として位置づけることができます。いいかえるならば，身体的側面と心的側面は次第にズレていくということになります（図8-2）。これを端的にあらわす言葉として，高齢者が口にする，「からだが言うことを聞かない」という言葉があります。

「からだが言うことを聞かない」という言葉について

誰でも1度くらいは，おばあさん・おじいさんの口から次のような言葉を聞いたことがあると思います。「最近，からだが言うことを聞かなくてねぇ」という言葉です。ここではこの言葉の意味について考えていきます。

「からだが言うことを聞かない」という言葉が意味しているのは，

図 2 に示したように，からだを動かそうとする自身の意図と実際のからだが一致せずズレている感覚だと考えられます。それではそのズレをどうすればいいのでしょうか。解決方法には，次の 4 つが考えられるでしょう。①ズレを一致させない，②自分のからだを他のからだと取り替える，③自分のからだを鍛え直す，④思うように動かないという自分の意図の方を変化させる，といった 4 つの方法です。それぞれ 1 つずつ考えてきましょう。

"①ズレを一致させない"について。ズレを一致させないとはどういうことか。それは身体的側面と心的側面が引き離されていることを意味します。心身が引き離された状態を代表するものとして統合失調症があります。統合失調症の症状の 1 つに，自分が自分ではないといった感覚を憶える，離人症という症状があります。これは別のいいかたをすると，自分を身体と自己とに分裂した存在として経験するということです (Laing, 1969)。このとき，自己（心の側面）が本当の自分であって，からだをニセの自分だと感じるようになるようです。しかし，老人が皆，統合失調症を患っているわけではありません。確かに，統合失調症を患っている老人もいますが，「からだが言うことを聞かない」と嘆く老人が全員，統合失調症を患っているわけではありません。なので，①の考え方はありえないでしょう。

"②自分のからだを他のからだと取り替える"について。これがありえないことは一目瞭然です。からだを取り替えることは現在のところ不可能だと考えられます。したがって，②の考え方もありえません。

"③自分のからだを鍛え直す"について。これはありえそうです。思い通りに動かなければ，思い通りに動くようにからだを鍛え直せばいいでしょう。しかしちょっと考えてみましょう。先ほども述べましたが，老人を特徴づけているのは"身体の老い"であり，身体

の老いは時間に対して不可逆的に進行してしまいます。そして自分の意思とは無関係にだんだん進行するものなのです。

例えばプロ野球選手のことを考えてみると分かりやすいと思います。プロ野球選手もいつか現役を引退します。その際，多くの選手が"体力の限界"をその理由に挙げています。元巨人軍の長嶋茂雄は引退セレモニーで「いまここに自らの体力の限界を知るにいたり，引退を決意いたしました」と言って引退しました。その他にも多くのスポーツ選手が"体力の限界"を理由に引退しています。

このように，年を重ねることでからだの老いの不可逆性が重くのしかかってくるのであり，虚弱な老人にとって，からだを鍛え直すことでそのズレを埋めることは非常に困難なことなのです。ということで，③の考え方もありえません。

最後に"④思うように動かない，という自分の意図の方を変化させる"について。②と③がからだをどうにかすることでズレを埋めようとしたのに対して，この④は自己といった心的側面を変化させることでズレを埋めようとするものです。

"④心的側面を変化させる"こととは，具体的には自分のからだが思うように動かないことを自覚することです。思うように動かないのだから，他者の力を借りること（たとえば肩を借りるなど）によって，その思うように動かない部分を埋めることができるし，自宅の階段に手すりをつけたり，段差を小さくしたり，思うように動かないながらも，からだが動く範囲内でできるように環境を整えることでそのズレを埋めることができます。簡単な言葉でいえば，この④の考え方は，「老いを自覚する」というのと同じ意味だと思います。

"またぎ"と"くぐり"の実験から

それでは，「最近，からだが言うことを聞かなくて」という言葉

が指している状態を具体的に考えていきましょう。これについては正高（2000）による実験が非常に参考になります。

この実験の参加者は，健康で経済的にも比較的裕福であって，しかも自分の子どもや孫と一緒に生活している老人たちです。実験は，7m先に，走り高跳びのバーのようなものが置いてある状態で，実際にそのバーに触れたりそれ以上近づいたりしないようにしてもらい，離れたところから彼らにそのバーを"またぐ"か"くぐる"かを尋ねます。そして，それを尋ねた後に今度は実際に"またぐ"，"くぐる"を両方やってもらいます。これをワンセットとして，バーの高さを変えながら数セットをやってもらいました。

その結果，次の2つのことが明らかになりました。

1つ目として，老人（60代）はその他の年代の人たちとはちょっと違う傾向が示されました（図8-3）。他の年代（20代から50代）では，「見ただけの臨界値（7m離れたところから見ただけで"またぐ"と判断したときのバーの高さの限度。"ここまでならまたぐことができる"というその人の意図を反映している値）」と「実際の臨界値（実際にやってみて，"またぐ"ことのできたバーの高さの限度。実際にからだが動く，その人のからだの機能を反映している値）」が，両方ともほぼ股下の足の長さの1.07倍の高さで一致していたのに，老人は，「見ただけの臨界値」「実際の臨界値」双方とも全体的に1.07よりも低くなり，特に「実際の臨界値」は「見ただけの臨界値」よりもさらに低い値になっていました。これは，若い頃とは違って，自分のからだがだんだん衰えてきていることを自覚している人がいることや，見ただけでは「できるか・できないか」を判断することが難しく，やってみないことにはできるかできないかが分からない状態であることをあらわしていると考えられます。

そしてもう1つ明らかになったことがあります。この実験に参加した老人が，2つのグループに分けられるということです。図8-4

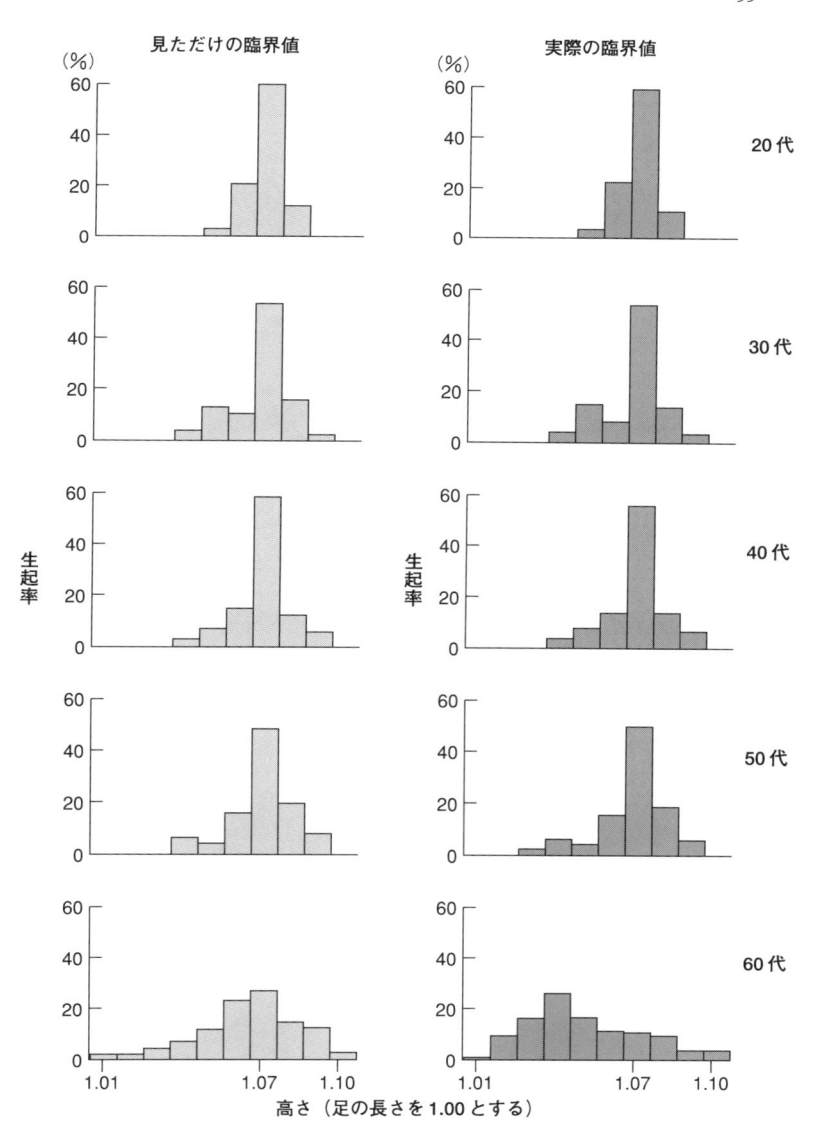

図 8-3 「見ただけの臨界値」と「実際の臨界値」の年齢別比較（正高，2000）

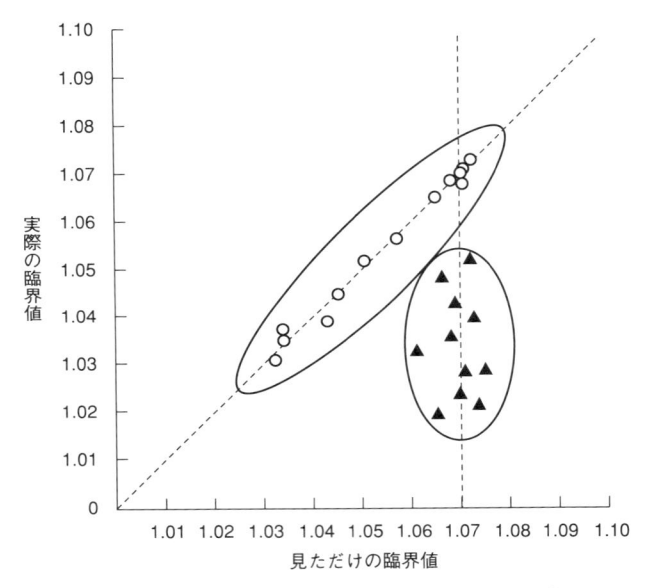

図8-4 60代の実験参加者個々人の「見ただけの臨界値」と「実際の臨界値」の関係（正高, 2000）

をみると，○印のグループは，「見ただけの臨界値」と「実際の臨界値」が一致していたけれど，その値が，他の年代の人々の値（股下の足の長さ×1.07）よりも少し低く，股下の足の長さ×1.04くらいになっていました。そしてもう1つの▲印のグループは，「見ただけ」では，若い年代の人々と同じ高さ，股下の足の長さ×1.07までまたげると思ったのに，実際にやってみるとその高さをまたぐことができなかった人々です。

　ここで注目したいのは▲印のグループです。▲印のグループの老人たちは，「またげる」と思ったのにまたげなかった人々です。つまり，自分では「またげる」と思っていたにもかかわらず，からだが思うように動かなかった，ということなのです。

このように，老人は日々の日常生活においてこういった経験を重ねるなかで「最近，からだが言うことを聞かないなぁ」「からだが思うように動かないゾ」という感想を抱くようになるのではないでしょうか。

ズレを解消しながら生活する老人

以上のことから分かったことは，"老いる"とは，誰も避けることができず，時間に逆らうことができずに進行する身体の機能の低下だということ，しかしその反面，老人の心の側面は，身体ほど低下することはなく，比較的現状維持されているということです。そのため，老人は，からだの側面と心の側面のあいだに何らかのズレを抱いている存在だということになります。

2．病気を患っている老人

さて，ここでは具体的に病気を患っているある老人（コウスケさん）の事例を取り上げて，老人の心について考えていきます。病気を患っている老人は，65歳以上の人々の中では決して大多数ではありません。ほとんどの65歳以上の人々は，相対的に健康で，別段，介護などを必要としていない人が多いです。しかし，病気を患っていることが老いの極端な形を示しており，また，老化と病気を切り離すことが難しいことが指摘されています（吉川，1987）。そのため，ここでは病気を患っている老人を取り上げたいと思います。

老いと病気や骨折の関係について

老化は，一般的には生理的老化といわれ，生活習慣病などの病気とは区別されがちです。しかし，実際には両者を明確に区別することはできません。そして生理的老化が生活習慣病と深い関連がある

ともいわれています（吉川，1987）。また，老いがそもそも加齢にともなう身体の諸機能の低下であるので，検査を受ければ何かしらの病気を患っている老人がほとんどなのです（長田，2000）。

このように，老人にとって老いと病気とは，容易には切り離せない関係にあるといえるでしょう。

老いて病気を経験する意味

老人が経験する病気は若い人が経験する病気とは違う意味合いを持っています。若い人ならば，一般的に，病気も急性期（一般的に病気やけがをしてから2～3日，あるいは数週間までの間のことをいいます）から回復期に移行しやすいのですが，老人の場合，そのまま慢性期に移行しやすいのです。つまり，病気が治り切らずに生活の一部となりやすいということです。そのため，多くの老人がいくつもの病気を抱えて生活しています。それがいわゆる慢性疾患というものです。

若い人ならば，例えば風邪を引いて寝床で横になっている状態は，普段，勉強や遊びに忙しく動き回っている自分からしてみれば，異常事態です。というのも，若い人にとって病気が治癒することが前提になっており，風邪が治ったらまた忙しく動き回ることになるので，風邪で寝込んでいる状態は異常事態だと考えられます。

しかし，老人にとって"病気は治癒するものだ"ということが必ずしも前提にはなっていません。もちろんすべての病気が治らないのではありません。しかし，治癒することのない病気に罹ってしまう老人がいることもまた事実なのです。そのため，老人が治ることのない病気に罹ってしまったとしたら，彼はその病気をも自分の普段の日常の状態に組み入れていかなければならないのです。

また，こういった病気以外にも例えば骨折を例に挙げることができます。老人や老人の介護者にとって気をつけなければならないも

のに骨折があります。脚の衰えから老人は転倒する機会が多くなるからです。そして転倒して足の付け根の大腿骨頚部を骨折する老人が非常に多いです。若い人ならば，骨折が治ってリハビリをすればまた歩けるようになることが往々にしてありますが，老人についていえば，さまざまな理由から，大腿骨頚部の骨折を経験した老人の半数以上が歩けなくなってしまいます。このように，骨折を例にとっても，若い人とは違い，老人はいったんからだの機能が損なわれると，それを回復するのが非常に困難なのです。

　それでは治らない病気の代表として，骨折を経験した老人が，骨折する以前，以降の自分の人生についてどのように語っているのか，その老人自身の語りから老い，あるいは病気・骨折をどのように受け入れていったのかについて考えてみたいと思います。

歩けなくなって「死にたくない」と考えるようになったおじいさん

　ここではあるおじいさんに登場してもらいます。仮に名前をコウスケさんとします。コウスケさんは，私が出会ったときにはすでに大腿骨頚部を骨折し，歩けなくて車いすを使っていました。とても明るくて三枚目という言葉が非常に似合う方でした。

　コウスケさんは，骨折する以前は，ひょいひょい院内を歩き回っていたそうです。そして今とは違い，いつでも小説を読んでいて，周囲の人たちとほとんど話もせず，職員たちには非常に気難しい，物静かな人だと思われていたようです。

　そして，その日も夜中，同室の人のお菓子をもらおうとして出歩き，転んで大腿骨頚部を骨折してしまいました。そしてその骨折の治療を受けるために転院し，治療終了後，またこの病院に帰って来たそうです。そんなときに私はコウスケさんと出会いました。

　私は，そんなコウスケさんからご自分の半生についてのお話をお聴きする機会に恵まれました。そのなかでコウスケさんは，骨折す

る以前「死んでもいい」と考えていたと語っていました。

> なれの果てだもん。情熱もなければ何もなければナチュラル，自然に生きてたんだよ（死期がくればいつでも死ぬ準備がある）。神からお召しがあればいつでも飛んでく（死ぬ）しさ。

また，コウスケさんはこのように「死んでもいい」と考えていただけではありません。実際，自殺行為ともとれるような行動をしていたのです。コウスケさんは腎臓の病気を患っていたので，人工透析という治療を受けていました。この人工透析には，厳しい食事制限がともないます。食事制限を守らずにいたら，いくら人工透析を受けていようとも命にかかわってしまいます。こういったわけで，コウスケさんが実際にとっていた自殺行為ともとれるような行動とは，食べ物を食べたいだけ食べてしまう，ということなのです。ある看護師さんは次のように証言していました。

> 透析患者さんですから，水分制限，食事制限がものすごく大事な人たちなんですよ。（中略）何でも食べちゃうんですよ。（中略）ナースステーションにも入り込んで，看護婦さんたちの夜食全部食べちゃって。そういうことが何回もあったんですよ。

このようにコウスケさんは，歩くことができた頃，「死んでもいい」と考え，実際自殺行為ともとれる行為をしていたのです。
しかし，脚を骨折し，歩くことが難しくなってしまった現在，コウスケさんは「死にたくない」と語っています。

> 75（歳）っていえば死に頃だろ。（中略）「死にたい」って，前のベッドの人もそう言うんだけどね，俺はね，「死にたくない」って

言ったの。

そして，コウスケさんは「死にたくない」と語っているだけではありません。実際の行動にもその「死にたくない」という気持ちが次のケアワーカーさんの言葉にあらわれています。

 （たとえばご飯とかは何か言ってますか？）お食事？　うーん，あまり聞いたことないなぁ。（中略）（量が少ないとか，もっと食いてぇとか）私聞いたことないなぁ。

このように，骨折することで歩くことが困難になったコウスケさんは，骨折を境に，こんなにも違うことを語り，違う行動をするようになったのです。

骨折前後で周囲に与える印象までもが一変した

コウスケさんは，骨折前後で「死んでもいい」から「死にたくない」へと変化しただけでなく，周囲の職員たちに与える印象も変わっていました。骨折する以前は，職員たちには「物静かな人」という印象を与えていたのです。

 昔ってあんなに冗談とか茶目っ気ってあったかなって思うし，コウスケさんてあんなによく喋ってたかなとか，っていう感じがあるんですけど。

このように，周囲に与える印象が「物静か，気難しい」といったものから，「お茶目でお喋り」へと変ってしまいました。この２つの印象を比較すると，「物静か，気難しい」よりも「お茶目でお喋り」のほうが，ポジティヴな印象のように感じます。そのため，普

通ならば、コウスケさんはネガティヴからポジティヴに変わった、と考えるかもしれません。

しかしそうとはいいきれません。実はこの変化には、ただ単に、ポジティヴに変化したこと以上のことが隠されているのです。

ポジティヴな変化に隠された意味について

コウスケさんは、骨折する以前、歩くことができました。この"歩くことができる"は非常に重要で、歩くことができると、1人で着替えができ、1人でトイレにも行けます。それに対して"歩くことができない"と、それにともなって1人で着替えたり、トイレに行ったりすることができなくなります。

コウスケさんも、骨折する以前は日常生活において、それほど他者の介助を必要としていませんでした。しかし骨折してからは、日常生活の大半において他者の介助を必要とするようになりました。この日常生活の大半のことを1人でできていた状態から、他者の介助を必要とする状態になったという変化が重要なのです。

骨折してからのコウスケさんは、介助をしてくれる周囲の人々の印象が肯定的であったことからも、周囲の人々から好かれていたことがうかがえます。また、コウスケさんの介助をする介護者も人間です。介護者にとって気が合わない老人もいれば、何かと馬の合う老人もいます。皆さんもそうだと思いますが、気が合う人とならば、話をするのも楽しく感じるでしょう。けれども気が合わない人とはあまり接したくないと思うでしょう。介護者といえども、やはり気が合わない人とはあまり接したくないのが人情ではないでしょうか。そのため、気が合う人と気が合わない人では、気の合う人の方が接する機会が多くなると考えられます。

その一方で、介護される側である虚弱な老人は、質・量ともにより良い介護を受けたいと考えることでしょう。となると、介護され

る老人としては、よりよい介護を受けるための方略を用いることが必要となるでしょう。それは何でしょうか？　それは、介護者に好まれたり、よい印象を抱いてもらうことです。

　介護を与える側と受ける側は対等の関係になるのは非常に難しく、どうしても介護を与える側が優位な立場になってしまいます。このように考えるとコウスケさんの「物静か、気難しい」という印象から「お茶目でお喋り」という印象への変化が、よりよい介護を受けるための方略として読み解くこともできるようになります。

　コウスケさんは骨折する以前、介助を必要としていませんでした。そのため、周囲の人々に「物静か、気難しい」という印象を持たれ、誰も近づこうとしなくても、たいていのことは1人でできたので問題はありませんでした。しかし、歩けなくなると、どうしても日常生活の多くの場面で介助を必要とするようになります。その際、以前のような、「物静か、気難しい」という印象を持たれていたら、必要とする介護すら受けられないかもしれません（実際にはそんなことはありません）。だからこそ、より良い介護を受けるために周囲の人々に「お茶目でお喋り」というよりポジティヴな印象を持たれるようにふるまっていたのではないかと考えることができるのです。

　この「お茶目でお喋り」への変化も、コウスケさん個人だけで考えるならば、ポジティヴなものとしてとらえられるかもしれません。しかし、介護を必要としている老人とは、いいかえるならば、必然的に他者との関係性の中に巻き込まれている存在なのです。そのため、「お茶目でお喋り」への変化を、単にポジティヴな変化として考えるのではなく、介護を受ける人と介護を与える人という非対称的な関係性の中で考えていく必要があると思います。この関係性の中で印象の変化を考えることで、老人の心についてまた違う見方ができるのではないでしょうか。

【引用文献】

天野正子　1999　老いの近代　岩波書店.
Laing, R.D（阪本健二・志貴春彦・笠原嘉訳）　1971　ひき裂かれた自己：分裂病と分裂病質の実存的研究　みすず書房.
正高信男　2000　老いはこうしてつくられる：こころとからだの加齢変化　中央公論新社.
中里克治　1995　老年期における知能の発達　児童心理学の進歩, **34**, 263-285.
中里克治　1997　知能と加齢　下仲順子（編）老年心理学　培風館　pp.51-61.
中里克治・下仲順子　1981　老人の知能構造　老年心理学研究, **7**(2), 39-49.
中里克治・下仲順子　1990　老年期における知能とその変化　社会老年学, **32**, 22-28.
長田久雄　2000　高齢者の健康と生活習慣　岡堂哲雄・小玉正博（編）現代のエスプリ：生活習慣の心理と病気　至文堂　pp.136-147.
吉川政己　1987　臨床経験からみた「老い」の諸相　多田富雄・今村仁司（編）老いの様式：その現代的省察　誠信書房　pp.21-40.
吉川政己　1990　老いと健康　岩波書店.

❀読書案内❀

◆正高信男　2000　老いはこうしてつくられる：こころとからだの加齢変化　中公新書.

　　高齢者は時として淋しさを感じているのは確かなようです。このことを説明するのに，一般には，高齢者は孤独だから淋しいのだと説明します。しかし，本書は身体の老いに焦点を当てて，今までとは違う説明を試みている本です。

◆出口泰靖　2000　「呆けていく」人のかたわら（床）に臨む　好井裕明・桜井厚（編）フィールドワークの経験　せりか書房（所収）.

　　本章では，取り上げられなかった痴呆性高齢者について書かれたものを紹介します。この筆者は，特別養護老人ホームでフィ

ールドワークを行い，そこで出会ったさまざまな痴呆性高齢者について社会学の視点から分析をしています。これまでとは違った痴呆性高齢者像を知ることができると思います。

さらに知りたい人は次のものなどを参照してください。

◆出口泰靖　2002　かれらを『痴呆性老人』と呼ぶ前に　現代思想（特集：超高齢化社会），第30巻第7号，182-195　青土社．
◆出口泰靖　2001　「呆けゆく」体験の臨床社会学　野口裕二・大村英昭（編）　臨床社会学の実践　有斐閣選書（所収）．

第IV部

社会と心

第 9 章
ステレオタイプがもたらす さまざまな影響

「私の名前は鈴木です。年齢は 29 歳です。日本の大学を卒業後、アメリカの大学院で MBA（経営学修士）を取得しました。現在は外資系の商社で働いています。趣味はテニスとドライブです。」

　あなたは上に出てくる鈴木さんに対してどう思ったでしょうか？　女性の読者であれば，理想の男性であると思ったかもしれません。男性の読者であれば，非常に優秀な男性であると思ったかもしれません。しかしよく見てください。この紹介文の中では鈴木さんの性別については何も書かれていません。それにもかかわらず，皆さんは上の紹介文を読んで鈴木さんは男性であると考えたのではないでしょうか。なぜ鈴木さんが男性であると考えてしまったのでしょうか。この疑問に答えるためには，ステレオタイプ（stereotype）について知ることが必要です。本章では，このステレオタイプについて取り上げてみたいと思います。

1. ステレオタイプとは何か

社会的カテゴリーとステレオタイプ

　私たちは，さまざまな基準を使って自分自身を含めた人を分類することができます。例えば，性別，年齢，国籍，出身地，職業，趣味などがそれにあたります。このような基準のことを社会的カテゴリーといいます。

　通常，ある特定の社会的カテゴリーには，ある属性（性格特性，行動など）が結びついています。例えば「大阪の人」には「おもしろい」「血液型がA型の人」には「几帳面」，「アフリカ系アメリカ人」には「リズム感が優れている」というようにです。このように，ある社会的カテゴリーと属性の結びつきに関する信念をステレオタイプといいます。

　冒頭の例で，鈴木さんを男性であると考えてしまったのはステレオタイプが原因になっているのです。紹介文に書かれている鈴木さんの特徴（属性）を見てみると，いずれも「男性」という社会的カテゴリーに結びついているものでした。そのために，皆さんは鈴木さんが男性であると思ってしまったというわけです。

ステレオタイプの種類とその内容

　現代社会では，冒頭の例で取り上げた性別（男性）に関するステレオタイプ以外も，さまざまな種類のステレオタイプが存在しています。岡・佐藤・池上（1999）の編集した「偏見とステレオタイプの心理学」の中に含まれている研究論文を見ると，さまざまな種類のステレオタイプが存在していることが分かります。例えば，人種・民族ステレオタイプ，性別ステレオタイプ，高齢者ステレオタイプ，地位・職業ステレオタイプ，学歴ステレオタイプ，外見ステ

レオタイプ，血液型ステレオタイプ，精神疾患患者・身体疾患患者ステレオタイプなどです。

　それぞれのステレオタイプの内容を見ると肯定的なものも否定的なものもあります。例えば，「高齢者は物忘れが激しい」「女性は知的能力が劣る」などはステレオタイプの内容が否定的な例に当たります。「アフリカ系アメリカ人は運動神経に優れている」「医者は金持ちである」などはステレオタイプの内容が肯定的な例に当たります。さらに「アフリカ系アメリカ人は運動神経に優れているが知的能力が低い」「女性は家庭的であるが仕事には向いていない」「東大生は頭はよいが人づきあいが苦手だ」などのように否定的な内容と肯定的な内容の両方を含むものもあります（Fiske, 1998）。ただし，ステレオタイプの特徴で重要なことは，その内容が肯定的であるか否定的であるかということではありません。私たちが，ある社会的カテゴリーと属性に結びつきがあると強く信じていることが重要なのです。

　これらのステレオタイプは，私たちの気づいているところで，または気づかないところでさまざまな影響を及ぼします。次の2節からは4節までは，日常的な例や実証的研究などを紹介しながら，ステレオタイプが私たちにどのような影響を及ぼしているかを説明します。

2．外見や肩書きで人を判断する

お見合い写真と釣書

　結婚相手を見つける1つの方法として，お見合いがあります。通常，お見合いでは，お見合いの仲立ちをする人から，ある異性の写真と釣書といわれるものを最初に渡され，その人とお見合いをするかどうかを決めます。釣書とはその人のプロフィール（年齢，職業，

学歴, 趣味, 家族構成など) が書かれているものです。お見合い写真と釣書を渡された時点では, その人と実際に会ったこともないし, 話をしたこともありません。しかし, その写真と釣書をもとにして, その人の性格や能力を判断することができるでしょう (ただしここでは, その判断が正しいかどうかは別の問題として考えて下さい)。例えば, 写真を見て「やせているから神経質ではないか」「眼鏡をかけているから真面目ではないか」とか, 釣書を見て「○○大学卒業だから頭がよいだろう」「長男だからおっとりしているだろう」などというようにです。どうして私たちは写真と釣書から相手の性格や能力を判断できるのでしょうか。

ステレオタイプは人の性格や能力の判断に影響する

　人の性格や能力の判断にはさまざまな要因が影響します。それらの要因の1つがステレオタイプです。つまりステレオタイプは人の性格や能力の判断に影響しているのです。上記の例でいえば, 大学ステレオタイプ (○○大学出身者は頭がよい), 外見ステレオタイプ (やせている人は神経質だ, 眼鏡をかけている人は真面目だ), 兄弟ステレオタイプ (長男はおっとりしている) が, お見合い相手の性格や能力の判断に影響していたのです。

　これまでの多くの研究は, ステレオタイプが人の性格や能力の判断に影響を及ぼすことを示してきました。さらに最近の研究は, ステレオタイプの影響過程を詳細に記述したモデルを提唱しています (例えば, Brewer, 1988; Fiske & Neuberg, 1990)。ここでは, それらについての説明は分量の都合上, 省略させていただきます。関心のある方は原典, または章末の読書案内に掲載されている文献 (例えば上瀬, 2002) を参照してください。

3. 血液型ステレオタイプを持ち続ける理由

血液型ステレオタイプとは？

　血液型ステレオタイプとは，特定の血液型と属性の結びつきに関する信念のことを指します。「A型の人は几帳面である」「B型の人はマイペースである」「O型の人はおおらかである」「AB型の人は二重人格である」などがこの例にあたります。血液型ステレオタイプは，ある人の血液型から性格が分かるという点で「血液型性格判断」といわれることもあります。少し古いデータですが，首都圏の高校生を対象にした調査によると，血液型性格判断（血液型ステレオタイプ）を信じている男子高校生は14％，女子高校生は32％となっています（ライフデザイン研究所，1994）。

　これまでの実証的研究は，血液型ステレオタイプは現実を正しく反映していないことを指摘しています（例えば松井，1994）。それにもかかわらず，皆さんのまわりには血液型ステレオタイプを持ち続けている人がいるのではないでしょうか。なぜその人たちは現実を正しく反映していない血液型ステレオタイプを持ち続けているのでしょうか。

ステレオタイプによる選択的知覚

　血液型ステレオタイプを含めたさまざまな種類のステレオタイプに共通していえることですが，ステレオタイプを持ち続ける理由の1つに選択的知覚というメカニズムの存在が指摘されています（村田，1994）。選択的知覚とは，多くの情報の中から，ある情報に注意を向け，別の情報を無視する傾向のことを指します。ステレオタイプによる選択的知覚と，その結末は図9-1の通りになります。まずステレオタイプを持つと，それによってどの情報に注意を向ける

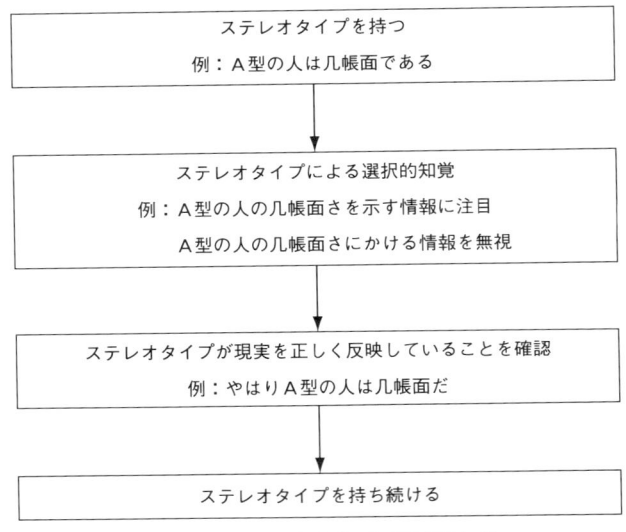

```
┌─────────────────────────────────┐
│     ステレオタイプを持つ           │
│   例：A型の人は几帳面である        │
└─────────────────────────────────┘
              ↓
┌─────────────────────────────────┐
│   ステレオタイプによる選択的知覚    │
│  例：A型の人の几帳面さを示す情報に注目 │
│   A型の人の几帳面さにかける情報を無視 │
└─────────────────────────────────┘
              ↓
┌─────────────────────────────────┐
│ ステレオタイプが現実を正しく反映していることを確認 │
│   例：やはりA型の人は几帳面だ       │
└─────────────────────────────────┘
              ↓
┌─────────────────────────────────┐
│     ステレオタイプを持ち続ける      │
└─────────────────────────────────┘
```

図9-1　ステレオタイプによる選択的知覚

かが決まります。具体的には、ステレオタイプに一致する情報に注意を向けますが、ステレオタイプに一致しない情報を無視します。こうした情報の選択的知覚の結果、私たちはステレオタイプが現実を正しく反映していると思うようになり、そしてステレオタイプを持ち続けることになるのです。

　血液型ステレオタイプの例で説明しましょう。ある人が「A型の人は几帳面だ」という血液型ステレオタイプを持っていたとします。この人はA型ステレオタイプに一致する情報には注意を向けますが、A型ステレオタイプに一致しない情報は無視します。例えば、血液型がA型の友人がいたとしたら、その友人に関する情報の中から「レポートの〆切をきちんと守る」「授業のノートをきちんと取る」などの几帳面さを示すものに注意を向けるでしょう。その一方で、「友人との約束の時間に遅刻をした」「自分の部屋を散らかしてい

た」などの几帳面さに欠ける情報を無視するでしょう。こうした選択的知覚の結果,「やっぱりA型の人は几帳面なんだ(血液型ステレオタイプは正しいんだ)」と考えるようになり,「A型の人は几帳面だ」という血液型ステレオタイプを持ち続けるのです。

血液型ステレオタイプによる選択的知覚に関する実験

坂元 (1995) は,血液型ステレオタイプによる選択的知覚が生じるかを実験によって検討しました。彼は実験参加者に「対人判断に関する調査」と説明して実験への参加を依頼しました。まず実験参加者に対して4種類の教示のうちの1つを与えました。4種類の教示とは,これから呈示する刺激人物の血液型が(①A型/②B型/③O型/④AB型)に当てはまるかを判断してもらいたいというものでした。教示を与えた後,すべての実験参加者に対して刺激人物に関する記述文を読んでもらいました。記述文は教示にかかわらず同一でした。この記述文の中には各血液型ステレオタイプと一致した特徴が5個ずつ含まれていました。例えばA型ステレオタイプに一致する特徴であれば「真面目」,B型ステレオタイプに一致する特徴であれば「マイペース」というようにです。記述文を読んでもらった後に,実験参加者に記述文のどの部分に着目したかをたずねました。

その結果は表9-1の通りです。表中の下線部が引いてある部分に注目して下さい。これを見ると,実験参加者はそれぞれの教示に応じた特徴に注目していたことが分かります。例えば,ある人物の血液型がA型に当てはまるかどうかを判断するときには,A型ステレオタイプに一致する特徴に着目をしているというようにです。つまり,実際に血液型ステレオタイプによる選択的知覚が見られたわけです。こうした血液型ステレオタイプによる選択的知覚の結果,血液型ステレオタイプは現実を正しく反映していると思い,その後も

表 9-1 教示の違いと着目得点 (坂元, 1995)

	教　示			
	①A型	②B型	③O型	④AB型
A型的着目得点	1.30	0.74	0.74	0.55
B型的着目得点	0.80	1.47	1.00	1.09
O型的着目得点	0.65	0.47	1.05	0.52
AB型的着目得点	1.00	1.09	0.95	1.58

注）数字の範囲は 0 ～ 4。得点が高いほど，その血液型ステレオタイプに一致した特徴に着目していたことを意味する。

血液型ステレオタイプを持ち続けることになるのです。

4. 人の行動の原因を考える

数学で満点を取った原因

　私たちは，ある人の行動やそれにともなう結果を見て，その行動や結果の原因を考えることがあります。友だちが廊下に落ちているゴミを拾っているのを見て，「彼はきれい好きだから」とか「先生が見ていたからだ」というようにです。たとえ同じ行動や結果であっても，それをしている人によって違った原因を考えることがあります。

　例えば，ある高校のクラスで数学のテストをしたところ，満点を取った生徒が 2 人いたとします。1 人は男子生徒で，もう 1 人は女子生徒です。私たちは，それぞれの生徒が満点を取った原因をどのように考えるでしょうか。ある人は，男子生徒が満点を取った場合には，「彼は数学ができるから」「男子だから」と考えました。その一方で，女子生徒が満点を取った場合には，「数学の試験勉強を一生懸命にしたから」「今回の試験は簡単だったから」「運が良かったから」と考えました。なぜこの人は，2 人の生徒が同じく満点を取ったにもかかわらず，その生徒の性別によって違った原因を考えた

表 9-2 ステレオタイプが帰属に及ぼす影響
(Oakes, Turner, & Haslam, 1991；横井・岡, 1999 を参考に作成)

行動	推測される原因
ステレオタイプに一致する行動（例：男子生徒が数学で満点を取った）	社会的カテゴリー（例：男性だから） 行為者の安定的な要因（例：数学が得意だから）
ステレオタイプに一致しない行動（例：女子生徒が数学で満点を取った）	行為者の不安定的な要因（例：試験勉強を一生懸命にしたから） 行為者以外の要因（例：数学の試験が簡単だったから）

のでしょうか。

ステレオタイプは帰属に影響を及ぼす

　自己や他者の行動や，それにともなう結果の原因を考えることを帰属 (attribution) といいます。こうした帰属にもステレオタイプは影響を及ぼします。その影響は表 9-2 に示す通りです。ある人（観察者）が他者（行為者）の行動を見ているとします。このときに行為者がステレオタイプに一致している行動をしている場合，観察者は，その行動の原因を行為者自身の安定的な特徴（例えば性格や能力など容易に変わることのないもの）や社会的カテゴリーにあると考えます。一方，行為者がステレオタイプに一致しない行動をしている場合，観察者は，その行動の原因を行為者自身の不安定的な特徴（例えば努力や体調などの一時的に変わることがあるもの）や行為者以外（例えば環境，運）にあると考えます。

　上記の例も，原因を考えた人が「男子は数学が得意だが，女子は数学が苦手である」という性別ステレオタイプを持っていて，それが帰属に影響していたのです。女子生徒が数学で満点を取ることは

性別ステレオタイプに一致しません。この場合，テストで満点を取った理由がその女子生徒の不安定的な特徴（「数学のテスト勉強を一生懸命にやったから」）や女子生徒以外（「今回の試験は簡単だったから」）にあると考えるわけです。一方，男子生徒が数学で満点を取ることは性別ステレオタイプに一致します。この場合，テストで満点を取った原因が男子生徒の安定的な特徴（「彼は数学が得意だから」）や社会的カテゴリー（「男子だから」）にあると考えるわけです。

5. ステレオタイプの影響は良いものか？　悪いものか？

2節から4節まではステレオタイプのさまざまな影響について日常的な例や実証的研究を挙げながら説明しました。この節では，これらの影響は良いものであるのか，それとも悪いものであるのか考えてみたいと思います。

ステレオタイプの影響は良いものである

多くのステレオタイプ研究者は，ステレオタイプが複雑な社会環境の中でうまく過ごしていくうえでの道具であると考えています（例えば Fiske, 1998）。このように考えると，ステレオタイプの影響は良いものであるといえます。それは，ステレオタイプの影響が思考の手間や時間の節約につながると考えられるからです。私たちは日頃から多くの人に出会います。そしてそれらの人たちの性格や能力を判断する必要に迫られます。そのときに，ひとりひとりの独特の特徴を詳細に検討した上で性格や能力を判断できることが一番良いのですが，それは非常に手間や時間がかかることです。こういうときに，ステレオタイプに基づいて性格や能力の判断をすれば，手間や時間が節約できます。もちろんステレオタイプに基づいた判断が正しいというわけではありませんが，とりあえず手間や時間を

かけずに人の性格や能力を判断することができるはずです。

ステレオタイプの影響は悪いものである

一方でステレオタイプの影響は悪いものであると考えることもできます。その理由としてここでは2つ挙げます。

第1に，ステレオタイプは差別（discrimination）の原因になるからです。差別とは，ある人を不平等，不利益に扱う行動のことを指します。具体的な例を挙げて説明しましょう。現代社会の問題の1つに雇用や昇進における性差別があります。これは雇用や昇進において女性よりも男性を優遇するというものです。1985年に男女雇用機会均等法が制定されてからこうした差別は減少してはいますが，依然として現代社会の中に根強く残っているというのも事実です。雇用や昇進において性差別が生起する原因を考えると，その1つとして「女性は仕事ができない」「女性はリーダーシップ能力に欠ける」などという女性ステレオタイプの存在が挙げられます。こうしたステレオタイプがあるために，実際に仕事ができる女性に対しても「女性だから仕事には向いていないだろう」と判断され，雇用されなかったり，実際にリーダーシップ能力がある女性に対しても「女性だから管理能力がないだろう」と判断され，管理職に登用されなかったりするのです。

第2に，ステレオタイプによる選択的知覚や，ステレオタイプが帰属に及ぼす影響は，いずれも私たちが持つステレオタイプを維持・強化するメカニズムだからです。こうしたステレオタイプの影響がある限り，たとえ社会の中にステレオタイプに一致しない情報（例えばリーダーシップ能力がある女性，数学が得意な女性）があったとしても，そうした情報は無視されたり，行為者以外の要因に帰属されたりするので，ステレオタイプは変わりません。そして第1の指摘とも関連しますが，ステレオタイプが変わらなければ，差別も

なくならないのです。

おわりに

　本章はステレオタイプを取り上げ，ステレオタイプとは何か，ステレオタイプがもたらす影響はどのようなものか，ステレオタイプの影響は良いものか，それとも悪いものかに関して説明してきました。これらの説明はすべてステレオタイプを「持つ人」からのものでした。つまりステレオタイプが，それを持つ人の思考や判断にどのような影響を及ぼすかを取り上げてきました。しかしステレオタイプの問題を考える場合，ステレオタイプを「持つ人」だけではなく，それを「持たれる人」についても考える必要があります。例えば，ある人がステレオタイプに基づいて判断されたり，行動されたりすることは，その人にとってどのような意味を持つのかを考えることは非常に重要な問題だと思います。最近は，ステレオタイプを持たれる人の心理に関する研究も増加しています（Swim & Stangor, 1998；上瀬, 2002）。皆さんも，これらの文献を参照しながら，ステレオタイプを「持つ人」の心理だけではなく，ステレオタイプを「持たれる人」の心理についても考えてみて下さい。

【引用文献】

Brewer, M. B. 1988 A dual process model of impression formation. In T. K. Srull, & R. S. Wyer, Jr. (Eds.) *Advances in social cognition*. Vol. 1. Hillsdale, NJ: Lawrence Erlbaum Associates. pp. 1-36.

Fiske, S. T. 1998 Stereotype, prejudice, and discrimination. In D. T. Gilbert, S. T. Fiske, & G. Lindzey (Eds.) *Handbook of social psychology*. 4th ed. Vol. 2. New York: McGraw-Hill. pp. 357-411.

Fiske, S. T. & Neuberg, S. L. 1990 A continuum of impression formation, from category-based to individuating processes: Influences of information and motivation on attention and interpretation. In M. P. Zanna (Eds.) *Advances in experimental social psychology*. Vol. 23. New York: Academic Press. pp. 1-74.

上瀬由美子　2002　ステレオタイプの社会心理学　サイエンス社.
松井豊　1994　分析手法からみた「血液型性格学」　現代のエスプリ，**324**，114-120.
村田光二　1994　「血液型性格判断」はなぜ信奉されるのか―実験的「社会的認知」研究への1つの招待―　一橋論叢，**111**，119-135.
Oakes, P. J., Turner, O. J., & Haslam, S. A.　1991　Perceiving people as group members: The role of fit in the salience of social categorization. *British Journal of Social Psychology*, **30**, 125-144.
岡隆・佐藤達哉・池上知子（編）　1999　偏見とステレオタイプの心理学　現代のエスプリ，**384**，至文堂.
ライフデザイン研究所（編）　1994　現代高校生のライフスタイル・意識・価値観　ライフデザイン研究所.
坂元章　1995　血液型ステレオタイプによる選択的な情報使用　実験社会心理学研究，**35**，35-48.
Swim, J. K. & Stangor, C. (Eds.)　1998　*Prejudice: The target's perspective.* New York: Academic Press.
横井俊・岡隆　1999　帰属とステレオタイプ―カテゴリー帰属と集団対応バイアス　現代のエスプリ，**384**，37-43.

読書案内

◆**上瀬由美子　2002　ステレオタイプの社会心理学　サイエンス社.**
ステレオタイプに関する古典的な研究から最近の研究まで分かりやすく紹介しています。この章で引用している英語の論文のいくつかについても分かりやすく説明しています。

◆**岡隆・佐藤達哉・池上知子（編）　1999　偏見とステレオタイプの心理学　現代のエスプリ，382，至文堂.**
偏見とステレオタイプに関する専門的な研究論文を多数掲載しています。内容は多少難しいと思いますが、特定のテーマについて深く知りたい方にはお勧めです。

◆R. ブラウン（橋口捷久・黒川正流編訳）　1999　偏見の社会心

理学　北大路書房．
　イギリスの偏見・ステレオタイプ研究者が書いた本の翻訳です。幅広く偏見やステレオタイプに関する社会心理学の研究を紹介しています。

第 10 章

問題となる行動
―問題の見方と対策の立て方―

　この章では問題行動と呼ばれる現象とそれに対して心理学がどのようにアプローチするのかについて見ていきます。一口に問題行動といってもさまざまなものがあります。心理学はどのような行動を問題行動と考えるのでしょうか。そして，それらの問題行動にはどのような種類があるのでしょうか。まずはそれについて述べていきます。その後に，そのような問題行動に対して，心理学がどのようにアプローチするのか，つまり，どのように問題を理解・説明し，そして援助・介入策を考えるのかについて見ていきます。

まず初めに「問題行動」というと、皆さんはどんな行動を思い浮かべるでしょうか。ある人は、犯罪や非行といった「法に触れる行動」を思い浮かべるかもしれません。またある人は、授業妨害やケンカといった法には触れないが、「他人に迷惑をかける行動」を思い浮かべるかもしれません。では、不登校や引きこもり、授業中の居眠りのような行動はどうでしょうか。法には触れないし、特に他人に迷惑をかけることもない、これは問題行動でしょうか。

一般的に心理学では、「教育上指導を要すると見られる行動」のことを指して問題行動といいます。簡単にいえば、教師や親といった周囲の人が「そのままでは困ると考える行動」のことです。だから、先に述べた行動はすべて、多くの教師が「そのままでは困ると考える行動」という意味で、問題行動ということになります。また、髪の毛を染めることやピアスをするといったような行動は、ある学校では「そのままでは困る行動」であり、問題行動となりますが、他の学校では「そのままでは困る行動」ではなく、問題行動とならなかったりします。このように問題行動とは、ある行動が直ちに問題行動というわけではなく、それを問題視する人（そのままでは困ると考える人）がいて初めて成り立つ概念なのです。要するに、問題行動とは「教師や親、周囲の人にとって問題となる行動」というわけです。

1. 問題行動のいろいろ

ここまで問題行動とは「教育上指導を要すると見られる行動」としてまとめてきましたが、現実にはさまざまな問題行動があります。心理学では、多くの場合こうした問題行動を図10-1に示したように、「反社会的行動」と「非社会的行動」の2つに分類して考えます。反社会的行動とは、規範やルールにしたがわず、社会や集団が

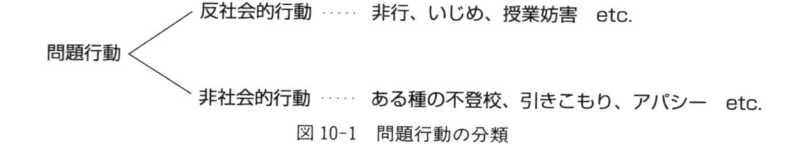

```
                    ┌─ 反社会的行動 …… 非行、いじめ、授業妨害　etc.
        問題行動 ─┤
                    └─ 非社会的行動 …… ある種の不登校、引きこもり、アパシー　etc.
```
図 10-1　問題行動の分類

迷惑を受ける行動のことで、具体的には、暴行や恐喝、傷害といった非行、教師への反抗や授業妨害などを指します。一方、非社会的行動とは、対人的・社会的な接触を避けようとする行動のことで、具体的には、ある種の不登校や引きこもり、アパシー（無気力）などを指します。簡単にいってしまえば、反社会的行動が、社会や集団にとどまりつつ、その中で起こす問題行動であるのに対し、非社会的行動とは、社会や集団への参加の拒否、あるいはそこからの撤退を意味する問題行動です。

こうした観点から、先に述べた問題行動を見ると、犯罪や非行は法という社会のルールに、授業妨害やケンカは学校という集団のルールに反しつつも、社会や集団にはとどまっているという意味で、反社会的行動に分類され、不登校や引きこもりの多くは、学級という集団への参加の拒否、あるいは回避という意味で、非社会的行動に分類されることになります。では授業中の居眠りはどうかというと、それが学校や教師への反抗を意味しているととらえられれば、反社会的行動となり、単なるやる気のなさや無気力ととらえられれば、授業という集団的な活動の拒否、あるいは回避という意味で非社会的行動ということになります。

ここまで述べてきたことをまとめると、問題行動とは、①それを問題視する人や集団がいて初めて成り立つ概念であるということ、またそれには、②社会や集団に参加しつつ、その中で起こされる反社会的行動と、社会や集団への参加を拒否、回避する非社会的行動の2つのタイプがあるということです。それでは心理学は、このよ

うな問題行動に対してどのようにアプローチするのでしょうか。次では問題行動に対して心理学が行うさまざまなアプローチについて見ていきましょう。

2. 問題行動へのアプローチ：問題の見方・とらえ方

今までのところでは「問題行動とは何か？」ということについて論じてきましたが、ここでは心理学がさまざまな問題行動に対してどのようにアプローチするのか、つまり、どのように問題行動を理解、説明し、そして援助、介入策を考えるのかについて見ていきます。心理学がこれまでに行ってきた問題行動へのアプローチを問題の見方・とらえ方という観点から分けるなら、特性論、関係論、システム論の3つに分けることができます。1つずつ見ていきましょう。

3. 特性論：問題の原因は個人の側にある！

特性論は、非常に多くの研究が採用している立場であり、その意味で心理学ではもっともありふれた見方といえます。特性論とは、「問題の原因は問題行動を起こす個人の側にある」と考える見方です。例えば、「授業中の居眠り」を考えてみましょう。授業中に居眠りという問題行動が生じた場合、特性論的な見方では、その原因を生徒の「やる気のなさ・怠け」といった個人の性格や「昨日の夜寝ていない」といったその個人が置かれた状況に求めます。このような個人の性格や資質（知能や能力）、またその個人が置かれている環境の特徴のことを特性といい、特性論では、その特性に問題の原因があると考えます。つまり、この見方では、問題の原因は徹底して問題行動を起こす個人の側にあり、その個人が持つ特性が問題行

動を引き起こしていると考えるのです。例えば，非行や犯罪の原因をその少年の性格の問題（「キレる」）や彼が育った環境（「家庭の問題」）に求め，「性格や家庭に問題があるから犯罪を起こしたのだ」というような説明の仕方は，その典型です。

　しかし特性論的な見方には，次のような欠点があります。1つは，問題行動に対して援助・介入を考えるうえでの欠点です。先にも述べた通り特性論的な見方は，問題の原因を個人の側に置きます。そのために，そこから引き出される援助・介入策は，「その個人の心や行動を変える」というようなものになってしまい具体的な援助・介入策が立てられない場合が多くあります。例えば「キレやすい」という個人の性格を変えることは難しいですし，また，過去の親子関係などに問題が見出されたとしても，現在からは手の施しようがありません。さらに現在の家庭環境に問題が見出されても，そこに貧困や親のリストラといった経済的な要因や両親の離婚問題などが絡んでいる場合，それに心理学が援助・介入して変化をもたらすことはきわめて困難です。要するに，特性論的な見方は，問題の発生やその原因は説明できるが，そこから援助や対策を立てることが難しいという問題点を持つということです。

　特性論が持つもう1つの欠点は，研究上の欠点で，逆の見方をすると説明が成り立たなくなってしまうという欠点です。例えば，問題行動を起こす生徒には，「自分さえよければいい」といったように協調性に欠ける者が多いということがよくいわれます。そこで実際に中学生で問題行動と非協調性という性格特性の関係について調べてみると，問題行動経験の多い生徒ほど，非協調的な性格特性を持つ生徒の占める割合が高くなります（図10-2）。特に問題行動経験の多い生徒では，約47％と半数近くが非協調的な性格特性を持つ者で占められています。こうしたデータから，私たちは「非協調的な性格が問題行動を引き起こしている」とか「問題行動には非協

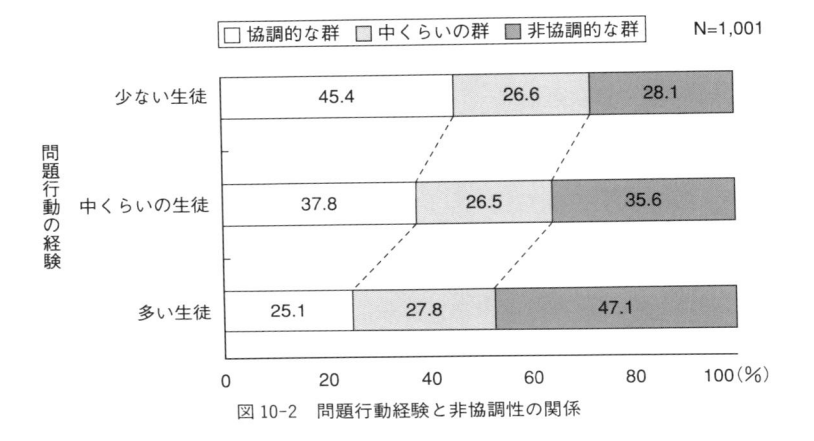

	協調的な群	中くらいの群	非協調的な群	N=1,001
少ない生徒	45.4	26.6	28.1	
中くらいの生徒	37.8	26.5	35.6	
多い生徒	25.1	27.8	47.1	

図10-2 問題行動経験と非協調性の関係

調的な性格が関係している」と結論づけたくなりますが，しかし，その逆はどうでしょうか。つまり，非協調的な性格特性を持つ生徒のいったい何％が問題行動を起こしているのでしょうか，それを示したのが図10-3です。図10-3から明らかな通り，非協調的な性格特性を持つ生徒の中で問題行動経験の多い者は，約34％と3割程度です。つまり，非協調的な性格特性を持つ生徒の7割程度は，あまり問題行動をしないということであり，この結果から「非協調的な性格が問題行動を引き起こす」とはいえないということです。

このように特性論的な見方には，そこから得られた問題の原因や要因について，逆の見方をすると成り立たなくなるという欠点があります。これまでも特性論的な見方から，犯罪や非行の原因として，家庭の問題や精神障害，学校教育の問題などが指摘されてきましたが，果たしてその逆は成り立つでしょうか。確かに犯罪者や非行少年の中には，家庭に問題があったり，精神障害を患っていたり，学校教育から疎外された者が多数いるかもしれません。しかし，家庭に問題のある者や精神障害を抱えた者の中のいったいどれくらいの者が犯罪や非行を犯しているのでしょうか。家庭の問題と精神障害

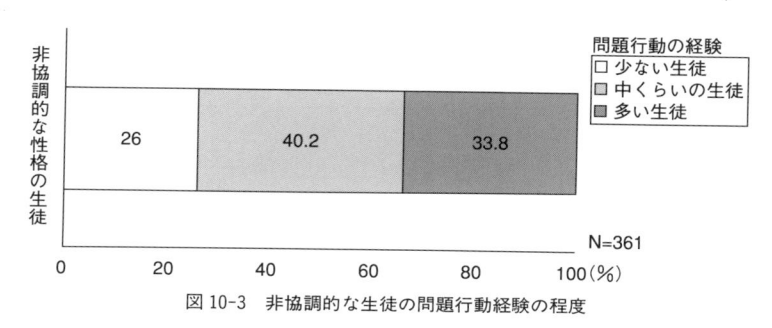

```
非協調的な性格の生徒 | 26 | 40.2 | 33.8
```

凡例：問題行動の経験　□少ない生徒　■中くらいの生徒　■多い生徒　N=361

図10-3　非協調的な生徒の問題行動経験の程度

に関しては十分なデータがないので確かなことはいえませんが，おそらくその大多数は犯罪や非行は犯していないでしょう（例えば，福島，1982 を参照）。また学校教育の問題はしばしば少年犯罪や非行の原因として取り上げられますが，平成 12 年度の少年の犯罪検挙率は 13.7％（法務省法務総合研究所，2001），中学生の平成 12 年度の不登校率は 2.6％，平成 11 年度の高校中退率は 2.5％で，逆に見れば 9 割前後の者が今の学校教育の中で問題行動を起こさずに生活しているともいえます。別に家庭の問題や精神障害，学校教育が問題行動にまったく関係ないといっているのではありません。ここでいいたいのは，特性論的な見方は，逆の見方をすると成り立たなくなるということが往々にしてあるということです。逆の見方が成り立たない以上，特性論的な研究から得られたものを単純に問題行動の原因として採用することはできないということです。

　ここまで特性論的な見方について論じてきました。まとめると，特性論的な見方というのは，心理学においてありふれた見方であるとともに，具体的な援助・介入策を考える上で欠点を持つということ，逆の見方をすると説明が成り立たなくなるというように研究上にも欠点を持つということです。では特性論以外に心理学には，どんな問題の見方があるのでしょうか。次では関係論という特性論とは異なる見方について見ていきます。

4. 関係論：問題の原因は，人と人との間＝関係のあり方にある！

　ここでも「授業中の居眠り」を例に，関係論について解説していきましょう。特性論的な見方では，居眠りの原因は，居眠りをしている生徒の側にあると考えました。では関係論的な見方では，居眠りという問題行動をどのように考えるのでしょうか。関係論では，授業中に居眠りが起きた場合，それを生徒の問題としてとらえるのではなく，教師－生徒関係の問題としてとらえます。つまり，「生徒の居眠りは，私の授業との関係によって起きている。だからその原因は生徒の側にのみあるのではなく，私自身の授業のほうにも原因があるのではないだろうか……」と考えます。要するに，居眠りという問題行動は，生徒の特性（「やる気のなさ」「睡眠不足」）と授業の問題（「つまらない授業」）との間で起きているのであり，その原因はどちらか一方にあるのではなく，ある生徒とある授業の相性＝関係の悪さ（ミスマッチ）にあると考えるわけです。

　こうした見方には，特性論にはない次のような利点があります。すなわち，生徒の側の問題としてとらえていたら何もできなかった問題であっても，関係論の見方に立つなら，教師が自らの授業を見直し，生徒との関係のあり方を変えることで，問題の解決に向けて積極的にかかわっていくことができます。要するに，問題行動に対して具体的な対策を立てることができるということです（図10-4）。

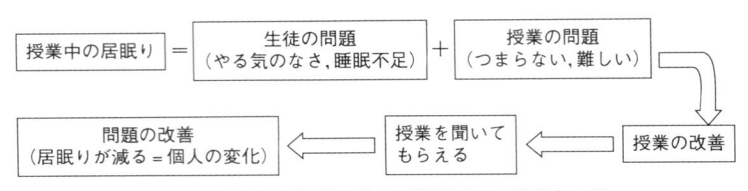

```
授業中の居眠り ＝ 生徒の問題           ＋ 授業の問題
                 (やる気のなさ，睡眠不足)    (つまらない，難しい)
                                                            ↓
問題の改善              ← 授業を聞いて  ← 授業の改善
(居眠りが減る＝個人の変化)    もらえる
```

図 10-4　関係論的な問題の見方：「授業中の居眠り」を例に

具体的なケースを通して、関係論についてもう少し詳しく見ていきましょう。

〈ケース1：知的障害児の給食時の問題行動〉

ある中学校の教師から、知的障害を抱えた女の子Qちゃんが給食時にいつも問題を起こして困るというような相談を受けました。どんな問題かというと、Qちゃんが給食のおかわりをしにいくと、いつも決まって、食事をよそうオタマと自分のお皿をくっつけてしまう。するとみんなが使うオタマにQちゃんのお皿の残飯がつくので、「きたな～い！」「もうおかわりできない」「どうすんだよぉ」というような声がクラスの他の生徒から一斉にあがり、Qちゃんが泣き出すというようなことでした。それに対し担任教師は、何とかオタマとお皿をつけないように、Qちゃんがオタマを持つ手を後ろから持って、「オタマはここで止めるんだよ」とオタマを止める位置を何度も指導するのですが、教師が手を離すとやっぱりお皿につけてよそってしまうとのことでした。

さて、どうしたらうまくオタマとお皿をつけずにすむようになったのでしょうか。Qちゃんの場合、「オタマがお皿につきそうになったら、お皿を持っているほうの手を少し下げてね」という補助者の指導で、簡単に解決してしまいました。要するに、担任教師が「オタマを持つ手」に働きかけていたのに対し、補助者は働きかける手を「お皿を持つ手」に変えた、それが問題の解決につながったというわけです。

この担任教師と補助者の間には、特性論と関係論という見方の違いがあります。実際、担任教師は相談に来たとき、知能検査の結果や発達心理学の知識を持ち出して、「あの子は、手と目の協応（目で見たこととそれに合わせて手を動かすこと）に問題があるようなのです」と話したように、Qちゃんが「オタマとお皿をくっつけてし

まう」という問題を彼女の能力（＝特性）の問題と考えていました。つまり，いくら指導してもうまくいかないのは，Qちゃんの能力に問題があるからだと考えていたのです。それに対し補助者は，関係論的な見方から「Qちゃんができない」というのではなく，「その方法ではできない」と考えていました。つまり，Qちゃんがうまくできないのは，Qちゃんの能力だけに問題があるのではなく，指導の仕方にも問題があるというわけです。そして，Qちゃんの障害によって弱い部分とまずい指導法が出会うところに，問題（～できない）が起きていると考えたのでした。こうした見方の違いが，担任教師のように特性論的な見方をすると，何もできないと思えた問題に対して，指導法を見直すことで，問題の解決をもたらしたというわけです。

　このように特性論と関係論の間には，何か問題が生じたとき「その個人ができない」という見方から，「その方法ではできない」という見方の変更があります。そしてこの見方の変更によって，それまで解決困難だと思われていた問題に対し，自らのかかわり方を見直すことで援助や介入の可能性が開かれるのです。こうした見方は，障害児の問題だけでなく，不登校や非行といった教育問題に対しても用いられ，問題をその子だけのせいにするのではなく，教師や学校の側が自らの生徒へのかかわり方を積極的に見直す必要性が提言されています（例えば近藤，1994）。近年では，この見方をさらに応用したシステム論という新たな見方が注目されています。

5．システム論：問題が起こるところには必ずうまい仕掛けが働いている！

　これまで紹介した見方とシステム論のもっとも大きな違いは，システム論が「問題の発生」を問うのではなく，「問題の継続」を問うというところにあります。要するに，システム論は，「問題行動

がなぜ起きるのか？」ということを考えるのではなく，「問題行動がなぜ続くのか？」ということを考えるのです。というのも，1度指導して終わるような1回限りの問題行動であるなら，それは教育現場ではほとんど問題になりません。問題となるのは，何度指導しても繰り返されるような問題行動だからです。当たり前の話ですが，この「発生」から「継続」への問いの変更は重要です。例えば，不登校を考えてみれば分かりやすいでしょう。いじめが原因で始まった不登校であっても，休み続けるうちに「今さら学校に行っても居場所がない」や「勉強についていけない」という二次的な問題が生じ，それがさらに学校を休み続けるという不登校の継続化を引き起こしてしまうというようなことがよくあります。皆さんもいじめがきっかけとなって始まった不登校なのに，クラスや学年が変わっても，つまり，いじめる生徒がいなくなっても，学校に行けないという話は聞いたことがあるのではないでしょうか。この場合，いじめといった不登校の発生要因に対する働きかけではなく，学力や対人関係の調整といった不登校によって新たに引き起こされた継続要因を明らかにし，そこへの働きかけが求められます。「不登校のきっかけである問題は解決したのに，なぜ学校に来れないんだろう？」と問題の発生と継続の違いを理解していないために，問題がこじれてしまっている例は，教育現場でしばしば見られるものです（加藤，2001）。

このように問題行動の「発生の説明」から「継続の説明」へというシステム論の問いの変更は，援助・介入という実践的な観点からみて，きわめて重要な示唆を含んでいます。システム論は，特にこの問題行動の継続過程に焦点を当てるアプローチです。そして，システム論は，継続過程には必ずそれを支えるうまい仕掛けが働いていると考え，それをシステムと呼びます。このシステムを明らかにすることで，問題行動への有効な介入策を考えていくというのがシ

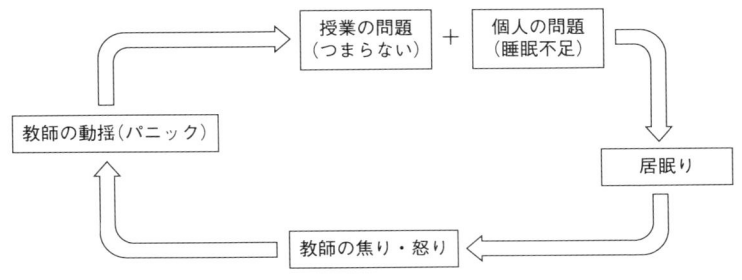

```
     授業の問題      個人の問題
    （つまらない）  ＋ （睡眠不足）

教師の動揺(パニック)                    居眠り

         教師の焦り・怒り
```

図10-5 システム論的な問題の見方:「授業中の居眠り」を例に

ステム論の基本的な考え方です (Watzlawick & Weakland, Fisch, 1974/1992；Fisch & Schlanger, 1999)。再び「授業中の居眠り」を例にとり，システム論的な見方から解説をしていきましょう。

システム論的な見方では「授業中の居眠り」という問題行動には，次のようなシステムが働いていると見ます。「つまらない授業」と「生徒の問題（睡眠不足）」の関係から生徒の居眠りが生じると，それが「教師の焦りや怒り」を引き起こす。その「焦りや怒り」が「教師の動揺やパニック」を引き起こし，さらに授業がつまらなくなる。そして，授業がつまらなくなると，さらに多くの生徒が居眠りを始め，それがまた「教師の焦りや怒り」を引き起こす……。ここには生徒が居眠りをすればするほど，授業がつまらなくなり，授業がつまらなければつまらないほど，生徒の居眠りが増えるという悪循環，すなわちシステムが働いています（図10-5）。

要するに，生徒の居眠りはこのシステムにフィットした行動，すなわち適応した行動であると考えられます。このようにシステム論では，あらゆる問題行動を「適応行動（システムに適応した行動）」と考え，問題行動を「不適応行動」と定義する通常の心理学とは逆の見方をするのです。ではこの場合，どんな介入策が考えられるでしょうか。それは教師が生徒の居眠りから生じる自らの動揺が，さ

らに授業をつまらなくしているということに気づくことです。「居眠りをさせない」、「授業をする」という2つの課題を同時にこなそうと意識するのではなく、とりあえずは「授業をする」ということにのみ努力を集中させること、そうすることが、居眠りをする生徒の数を最低限に抑えることにつながります。またもしかすると、授業の質が向上することで居眠りをしている生徒の何人かを起こすことができるかもしれません。このようにシステム論では、問題行動が継続するところには、必ずうまい仕掛け＝システムが働いていると考えます。そしてそのシステムを明らかにすることで、悪循環を断ち切る介入策を考えるのです。さらに具体的な例を通して、システム論的な見方について見ていきましょう。

〈ケース2：家庭内暴力をめぐる事例〉

　母親が息子D男の暴力に困り果てて相談にやってきました。D男は中学2年生になった直後、クラスメイトからいじめられる（からかわれる）ようになったことをきっかけに、学校への行き渋りが起きていました。D男は小学校時代に短期間ではありますが不登校経験があり、母親としては、何とか学校に行かせようとして、朝タクシーで学校まで連れていくのですが、授業途中で帰ってきてしまうというようなことが続きました。そんなことを続けているうちに、登校前や帰宅後に、D男が母親に激しく暴力を振るうようになりました。母親としては「自分は一生懸命努力しているのに、なぜ殴られなければならないのか？」という思いでいっぱいだとのこと。また、その中で「D男へのいじめ」に対処してくれない学校や教師に対して、「学校や教師はあてにならない」とさらに不信感を募らせていました。

　母親は、「なぜ自分が殴られるのか分からない」というようなことを言っていますが、システム論的な見方でこのケースを見るなら、

なぜ彼女が殴られるのか，その理由はそんなに分かりにくいものではありません。どういうことか，システム論的な見方で見てみましょう。まずD男の学校への行き渋りは，いじめから始まっていました。それに対し母親は，教師にいじめに対処するようにお願いするとともに，「何とかして不登校になることだけは避けたい」という思いからD男を説得して，タクシーに乗せ，学校へと連れていく努力をしていました。しかし，学校に行けば，クラスの状況はそんなに変わっていません。D男は再びからかわれることになります。D男にしてみれば，「母親から先生にいじめのことを相談したし，連れてってあげるからと言われ，学校に来てみたのに，状況は何にも変わっていないじゃないか」，要するに，「(母親は)何もできないくせに，(学校に連れていくという)余計なことだけはしやがって」ということになります。それで母親が殴られるのです。殴られると母親は母親で，「学校はいじめに対して何をやっているんだ，先生は頼りにならない」と思い，「自分が努力しなくては」と，いっそうD男を学校につれていく努力をします。そうなると，D男は学校でためたやり場のない怒りをさらに母親に向け，再び暴力を振るう……。ここに私たちは，母親がD男を学校につれていこうと努力すればするほど，殴られるという悪循環＝システムを理解できます

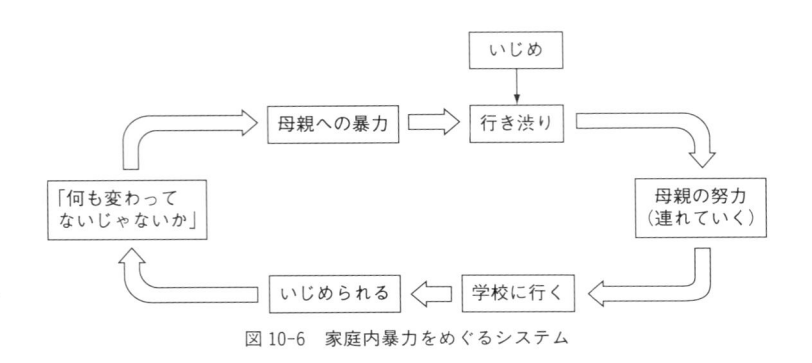

図 10-6　家庭内暴力をめぐるシステム

(図 10-6)。

　では，どのような介入が考えられるでしょうか。このケースでは皮肉なことに，母親の「学校に行かせよう」とする努力こそが，D男の家庭内暴力を継続させるシステムを支えていました。したがって，母親に「D男と学校のことに関してはふれない」ということと「学校に行くか行かないかは，D男に決めさせる」ということをお願いし，悪循環を断ち切りました。そうすることで，行き渋りは続きましたが，母親が暴力を振われることはなくなりました。

6. 問題の見方を変えること

　ここまで特性論から関係論，関係論からシステム論というように，問題の見方を変えて，さまざまな問題行動について見てきました。そうすることで同じ問題行動という現象であっても，異なった側面が見えてきたのではないでしょうか。すなわち，特性論では問題行動を起こす個人が持つ問題が明らかになりました。関係論では，問題行動を起こす個人だけでなく，そこに居合わせる他者の問題やかかわり方の問題が，システム論では，継続のメカニズムの問題が明らかになったと思います。そして何よりも重要なのは，ある見方では，「解決困難」だと思われていた現象も，見方を変えることで，「解決可能」な現象に見えてくるということです。もし皆さんが「解決困難だと思う問題」にぶつかったとき，ここで挙げた問題の見方を実践してみてください。なぜなら，「問題が解決困難だ」と思うとき，実は自分の問題の見方が，問題を解決困難であるように見せているかもしれないからです。「それは"解決できない問題"なのではない，私の"今の見方では解決できない問題"なのである」，これに気づくことから，心理学の問題行動へのアプローチは始まるのです。

【引用文献】

Fish, R. & Schlanger 1999 *Brief Therapy With Intimidating Cases : Changing The Unchangeable.* Jossey-Bass Inc（長谷川啓三訳 2001. 難事例のブリーフセラピー 金子書房）.

福島章 1982 犯罪心理学入門 中公新書.

法務省法務総合研究所 2001 犯罪白書（平成13年度版） 財務省印刷局.

加藤弘通 2001 第2章不登校・ひきこもり 矢島正見編著 生活問題の社会学 学文社所収 pp. 34-48.

近藤邦夫 1994 教師と子どもの関係づくり 東京大学出版会.

Watzlawick, P. & Weakland, J. H., & Fisch, R. 1974 *Change : Principles of Problem Formation and Problem Resolution.* W. W. Norton（長谷川啓三訳 1992 変化の原理：問題の形成と解決 法政大学出版局）.

❀読書案内❀

◆関係論について知りたい方には「近藤邦夫 1995 子どもと教師のもつれ 岩波書店」を，さらに詳しい内容について知りたい方には「近藤邦夫 1994 教師と子どもの関係づくり 東京大学出版会」をお薦めします。

◆システム論について知りたい方には，入門書としては「長谷正人 1991 悪循環の現象学 ハーベスト社」を，さらに理論的な関心をお持ちの方には，「ワツラウィック他 1992 長谷川啓三訳 変化の原理 法政大学出版局」をお薦めします。

第Ⅴ部

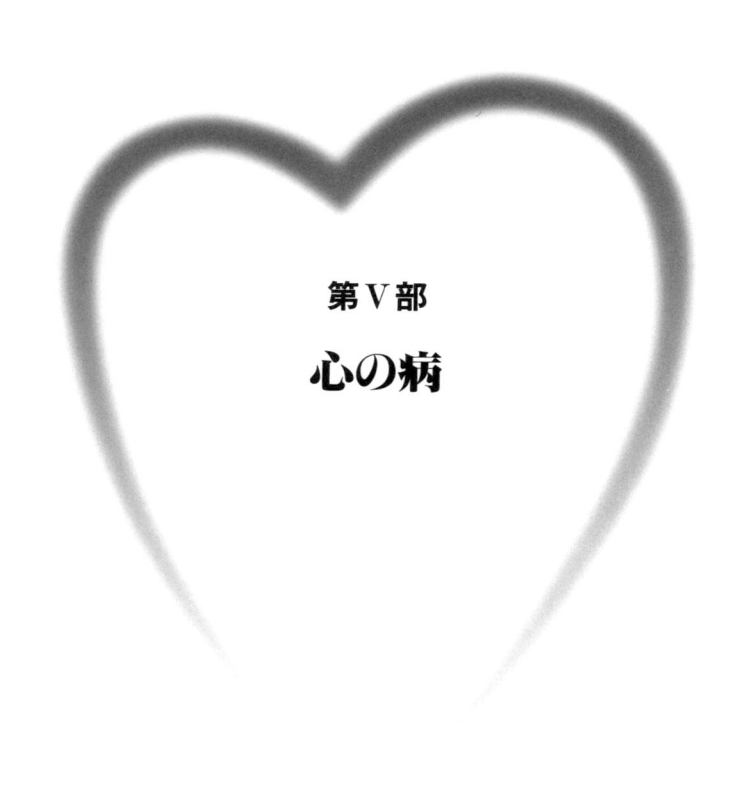

心の病

第 11 章
仕事と家庭の両立とストレス
―ストレスから充実感への変化―

　現在，日本人の約 80 ％が何らかのストレスを経験しているといいます（厚生労働省，2000）。生活の中で辛く嫌な思いをしたとき「ストレスがたまった」と表現することが多いのですが，その原因やメカニズムはどのようになっているのでしょうか。

　ストレスというと，大きなダメージで立ち直れないといったネガティブな印象を受けますが，適度なストレスは充実した生活に向けた変化を引き起こすというポジティブな側面もあります。仕事と家庭の両立を例にとり，ストレスが良い効果をもたらす場合の要件について具体的に考えていきます。

1. ストレスとは何か？

ストレスの起源

　ストレス研究の出発点は約70年前にさかのぼります。カナダの生理学者セリエ（H. Selye）は，ネズミなどの動物が暑さ，寒さ，外傷，不安，緊張など有害刺激に曝されたときどのような生理反応があらわれるかを調べ，①副腎の肥大，②胸腺とリンパ節の萎縮・炎症，③胃腸管の潰瘍，という主な3つの生理反応を引き起こすことを見出しました。このことから生体にとって有害な刺激を"ストレッサー"，反応を"ストレス"と名づけました（Selye, 1936）。この発見は人間にも当てはめることができます。例えば，目標達成に多くの困難がともなう場合や人間関係で悩みが長く続くと，3つの生理反応の結果として胃炎，胃潰瘍や十二指腸潰瘍，特に子どもの場合は成長ホルモンの減少による発育不全などに至ることがあります。このとき，胃炎，成長ホルモン，発育などの変化はストレスであり，それを引き起こした困難や人間関係などはストレッサーです。

ストレスは悪か？

　セリエはストレスを悪だと単純に考えていませんでした。ストレッサーが発生している期間によって抵抗力は変化し，抵抗力が高くなる時期もあるのです。ストレッサーが発生するとまず生体の抵抗力は低下します。ストレッサーが続くと生体に防御する反応が起こり，逆に抵抗力が高くなり，ストレッサーに対して適応している状態になります。しかし，ストレッサーがさらに長く続くと生体の防御機構は続かなくなり，抵抗力は急速に低下します。こうした考えは，すべてのストレスが生体にとって有害なものではなく，適度なストレスは生体の機能を活性化させて心地よいものであるが，過剰

なストレッサーによるストレスは生体にとって好ましくないことを示しています。

心理的ストレス：個人差に注目して

ストレスは実験医学的な研究から出発しましたが、後にはその概念を心理・社会的側面に適用した心理的ストレスがあらわれ、心理学、心身医学や精神医学の分野で積極的に研究されて発展してきました。1980年代になると心理学者ラザルスとフォルクマン（Lazarus & Folkman, 1984）は新たなストレス理論を発表しました。まずストレッサーが発生したときストレスは一義的に生じるのではなく、そのストレッサーがどの程度脅威的であるかという個人の判断（一次的評価）がなされ、次に脅威的な場面でその人がどのような対処ができるか、どの程度対処の効果が期待できるかという判断（二次的評価）がなされます。そして何らかのストレッサーを低減するためのコーピングを実施し、ストレッサーが解決できるか脅威の程度が下がればストレスに至りませんが、コーピングの効果が十分でなかった場合はストレスが生じます。ストレスは再度ストレッサーとなって引き続き評価、コーピングを実施し、ストレスを低減することに努めることになります。この理論は、ストレスは誰にでも同じような影響があるという従来の考え方から脱却し、一次的評価、二次的評価を設定することによってストレッサーの受け止め方の個人差に着目しました。そしてコーピングを設定することによって対処の仕方の個人差にも着目したのです。

ストレス研究の現在

現在、ストレスに関する研究は心理学だけでなく、分子、細胞や内分泌、免疫の生理変化、消化器、循環器、呼吸器の疾患、精神神経面での問題など非常に幅広い領域で行われています。これらをス

トレスの指標として，どのような要因がストレッサーとなり，どのようなメカニズムで心身の変化を生じさせるのか，その普遍的問題を解明しようとしています。他方，ラザルスらの個人差重視の流れに加えて，現代の社会や文化が多様であること，同一社会，文化に属する人々の中でも生活や価値観の多様化していることから，ストレッサー，ストレス，コーピングの個人差，集団差を考慮し，個別的問題に対応しようとしています。

2. 仕事のストレス

仕事のストレスの現状

労働省の平成9年労働者健康状況調査（1997：農漁業，保安業など

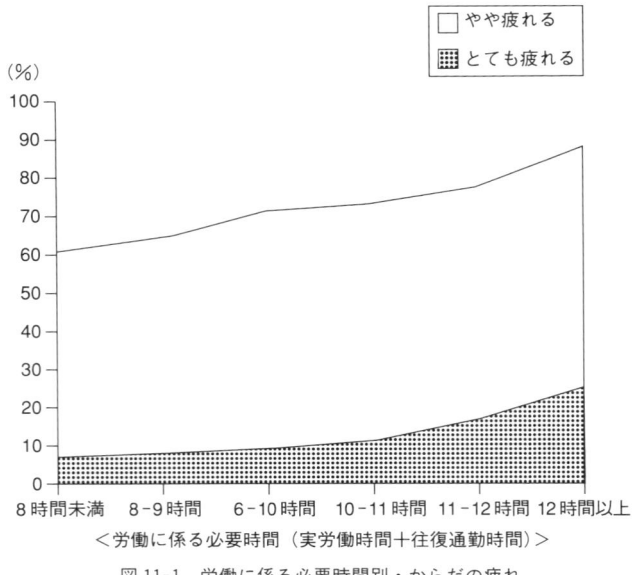

図 11-1　労働に係る必要時間別・からだの疲れ

図 11-2　労働に係る必要時間別・神経の疲れ

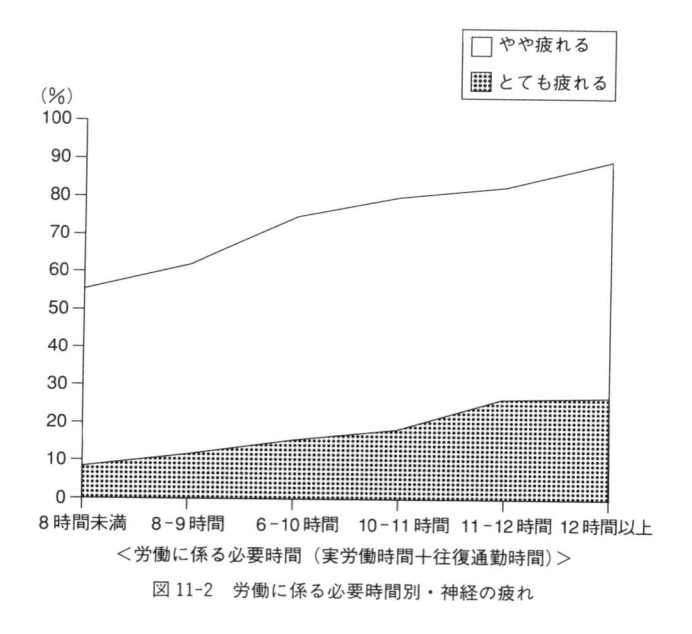

を除いたほぼ全産業の約 1 万 2,000 民営事業所，約 1 万 6,000 人対象)によると，普段の仕事でからだが疲れる労働者の割合は 72 %，神経が疲れる割合は 75 % と多かったことが報告されました。これは労働者の 4 人に 3 人が疲れていることになり，仕事によるストレスを感じている人は多いといえます。

仕事のストレスの原因

労働省 (1997) によると，労働に係る必要時間ごとにからだが疲れる労働者の割合は 8 時間未満のとき 61 % でしたが，時間が長くなるにつれて増加し，12 時間以上のとき 87 % となりました (図 11-1)。神経が疲れる割合は 8 時間未満のとき 55 % であるのに対し，12 時間以上のとき 89 % と，からだ，神経の疲れはいずれも時間が

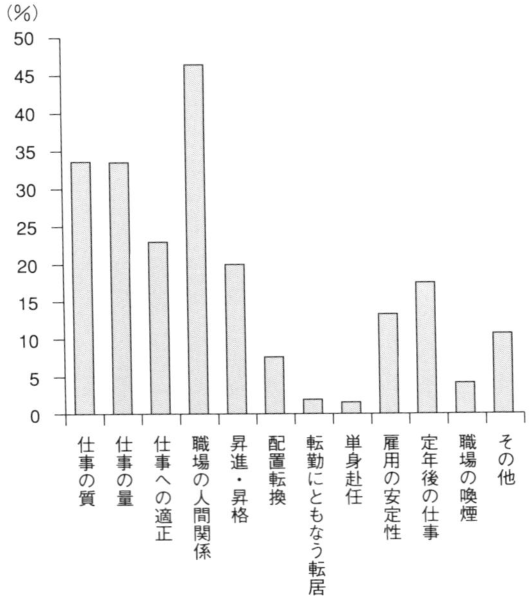
(%)
50
45
40
35
30
25
20
15
10
5
0
仕事の質
仕事の量
仕事への適正
職場の人間関係
昇進・昇格
配置転換
転勤にともなう転居
単身赴任
雇用の安定性
定年後の仕事
職場の喚煙
その他
〈ストレスの内容〉

図 11-3　仕事でのストレスの内容（多重回答）

長くなるにつれて増加する傾向が見られました（図 11-2）。

このことから，疲れというストレスは労働時間の長さがストレッサーとなることが考えられます。確かに労働時間が長くなると仕事の負荷は重くなり，からだを休める時間が少なくなるので翌日の仕事にも疲れは持ち越され，ますます疲れは蓄積していくのでしょう。しかし，労働時間が短くてもからだ，神経の疲れを感じている人は 60％前後いることから，労働時間だけがストレッサーなのではなく，どのような働き方をしているのかが問題となります。例えば，重い荷物を運ぶのか，パソコン操作など神経の集中が要求されるのか，急がされたり，複数の仕事を同時に進めたりしているのか，あ

るいは職場の人間関係でトラブルがあるのかなども考慮するべきでしょう。

　労働省は同じ調査の中で仕事や職業生活でのストレスについても調べています。ストレスがある人の割合は63％で、その内容（複数回答）は「職場の人間関係」46％、「仕事の質」34％、「仕事の量」33％で高い割合でした（図11-3）。こうした結果から、仕事が多すぎるといった仕事の量とともに、仕事での責任の重さや役割の曖昧さといった仕事の質、職場の上司、部下、同僚との人間関係もストレッサーになりやすいことがうかがえます。また、近年の不況や失業率の高さを考えると、「昇進、昇給」「雇用の安定性」「定年後の仕事」といった経済的問題もストレスに少なからず影響を及ぼしていると考えられます。

3．家庭のストレス

家庭のストレスの現状と原因

　厚生労働省の平成11年度全国家庭児童調査によると（2000：全国18歳未満の子どもがいる2044世帯対象）、家庭養育上問題があると回答した世帯は共働き世帯59％、片働き世帯56％でした。その内容は図11-4に示します。共働き世帯の問題としては「親と子の接触時間の不足」（26％）がもっとも多く、以下「子育てと社会参加との両立困難」（17％）、「住居が狭いなど環境の悩み」（16％）と続いています。上位2つの問題はいずれも仕事に多くの時間を費やしていることによって発生していると考えられます。そこでこの2つを合わせて仕事と家庭のバランスの問題ととらえると、実に40％以上が仕事と家庭のバランスに問題を感じているということになります。

　これに対して片働き世帯では「しつけや子育てに自信がない」

＜問題の内容＞

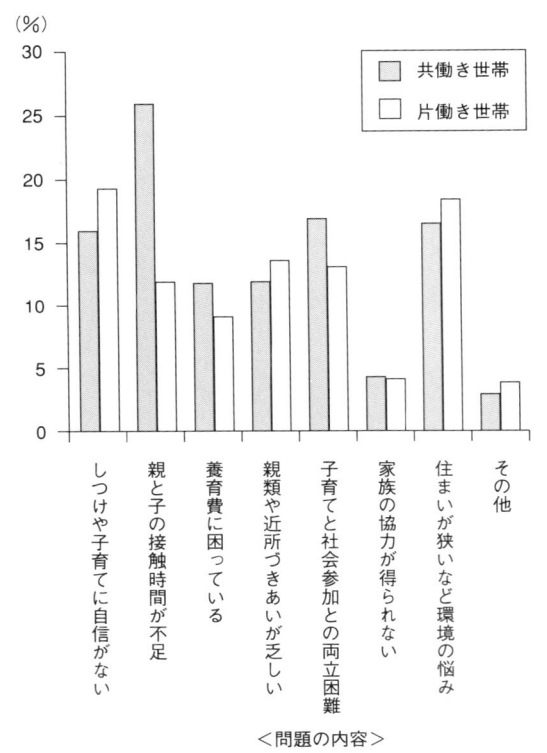

図11-4　家庭養育上の問題の内容（多重回答）

「住居が狭いなど環境の悩み」が約20％と同程度で，次に「親類や近所づきあいが乏しい」（13％）が続いています。この様相から推測すると，片働き家庭では近年の核家族化や父親の長時間労働による不在と母子密着の影響を強く受け，物理面，人間関係面での閉塞感が強くなると同時に，子育てで自信を失っているとも考えられます。

4. 仕事と家庭の両立とストレス

仕事と家庭の両立の現状

　前節では仕事のストレスと家庭のストレスに分けて説明しましたが，仕事と家庭を両立するときにはどのようなストレスが発生するのでしょうか。東京都立労働研究所（1994）は保育園に子どもを預けている共働き父母を対象に仕事と家庭の影響を調べています。その結果，母親はもっともよく感じることとして「自分が自由に使える時間がない」（59％），「家にいても休まらない」（29％），「子どもを構ってやれない」（26％），「配偶者との衝突やトラブルが多い」（16％）ということを挙げましたが，父親はそれらの項目についてそれぞれ30％，14％，20％，12％と母親より低い割合でした。こうした結果から，仕事と家庭の両立は母親・父親ともに自身だけでなく，配偶者や子どもに対しても何らかの悪影響が発生する可能性のあること，父親より母親の方が影響が大きいことが分かりました。仕事と家庭の両立は容易ではないことが示唆されます。

仕事と家庭の両立によるストレス：スピルオーバーに注目して

　仕事と家庭の両立はどの程度ストレスになるのでしょうか。小泉ら（2001a）は1980年代半ばに某市立病院産婦人科を受診した1,000人余りの母親とその夫・子どもを対象とし，妊娠初期から産後11年目にわたる妊娠・出産・子育てに関する長期縦断的研究データによって検討しました。本節では産後11年目（子ども10歳）に行った母親，父親，子どもに実施した質問紙調査のうち，共働き家庭（246世帯）の仕事と家庭の両立に関する結果を紹介します。

　仕事と家庭の両立困難を研究する場合，それを一種のストレッサーとしてとらえることができます。仕事と家庭の両立のストレッサ

ーとは，その日の仕事や家庭の状況によって日々変動しやすい性質を持つと考えられます (MacEwen & Barling, 1994)。この点で従来よく使用されてきた月や年を単位に測定するストレスイベントの尺度や日常苛立ちごとといった日々の慢性的な状況について測定する尺度とは，調査範囲となる時間が異なるために仕事と家庭の両立困難は測定しにくいという問題があります。そこで仕事と家庭のスピルオーバー (spillover) という概念を紹介します。仕事と家庭のスピルオーバーとは，仕事役割と家庭役割のうち，一方の役割で生じた出来事や状況が他方の役割の状況に影響を及ぼすことと定義されます (Crouter, 1984 ; Wortman *et al.*, 1991)。その内容は 2 方向 (仕事から家庭へ，家庭から仕事へ) × 2 影響 (ポジティブな影響，ネガティブな影響) の 4 パターンがありますが，今回は仕事から家庭へのネガティブ・スピルオーバー (「仕事のために家事がおろそかになった」「仕事のために家族と話したりくつろぐ時間がなかった」「仕事が多いので家に持ち帰った」「仕事のために休日出勤をした」「仕事が多忙で帰宅時間が不規則なため，家族から不平を言われた」の 5 項目) を取り上げます。この頻度 (1．なかった，2．たまにあった，3．時々あった，4．よくあったの 4 件法) の多さによって低群 (ほとんどなかった程度)，中群 (たまにあった程度)，高群 (時々かそれ以上あった程度) の 3 群に分けました。ストレスは抑うつ傾向 (SDS：Zung, 1965) で測定しました。仕事から家庭へのネガティブ・スピルオーバー 3 群と属性 (父親・母親 2 群) で抑うつ傾向の程度は違うのかを検討しました (小泉ら，2001 a)。

その結果，図 11-5 に示したように，父親も母親も仕事から家庭へのネガティブ・スピルオーバーがほとんどなかったとき抑うつ傾向は低かったのですが，ネガティブ・スピルオーバーがたまにあったときに抑うつ傾向は急に高くなりました。ネガティブ・スピルオーバーが時々かそれ以上あった場合は抑うつ傾向は最も高くなりま

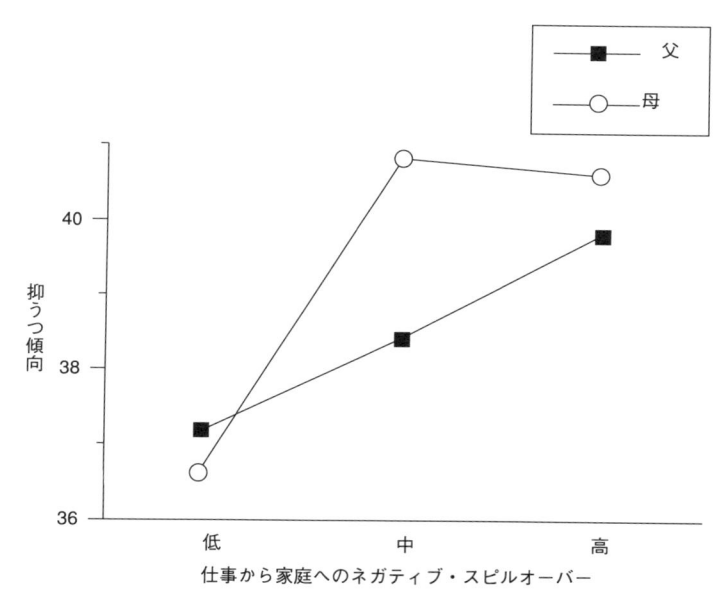

図 11-5　仕事から家庭へのネガティブ・スピルオーバーが抑うつ傾向に及ぼす影響：父母別に見た違い

した。このことから，仕事から家庭へのネガティブ・スピルオーバーは抑うつ傾向を高くすることが分かりました。これを抑うつ傾向の予防という観点から考えると，抑うつ傾向を高めずに仕事と家庭を両立するためには，仕事のために家庭生活が妨げられるような事態を発生させないようにすることが必要といえます。例えば，仕事の量と質を調整し，長時間労働にならないよう労使ともに配慮することは，仕事から家庭へのネガティブ・スピルオーバーの発生を防ぐための方策として重要です。

仕事と家庭のスピルオーバーがストレスに影響する過程

次に仕事から家庭へのネガティブ・スピルオーバーが抑うつ傾向

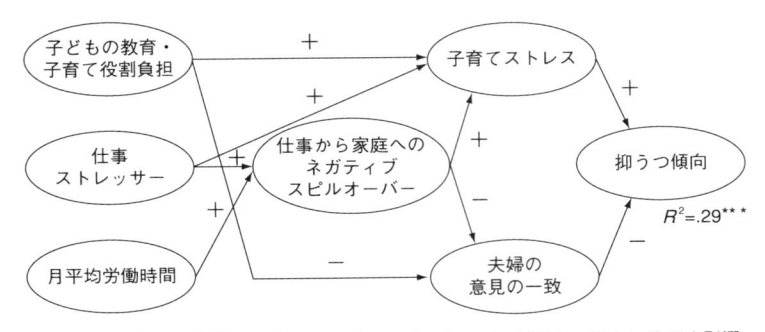

図 11-6 仕事から家庭へのネガティブ・スピルオーバーが抑うつ傾向に及ぼす影響

に影響を及ぼす過程を詳しく見ていきます。上述した縦断的研究データのうち 11 年目の働く母親を対象に抑うつ傾向を引き起こす過程についてパス解析を行いました（小泉ら，2001 b）。その結果を図 11-6 に示します。

　仕事から家庭へのネガティブ・スピルオーバーに注目して因果関係を整理すると，まず仕事ストレッサーと月平均労働時間が増加するほど仕事から家庭へのネガティブ・スピルオーバーは増加しました。仕事から家庭へのネガティブ・スピルオーバーが増加すると子育てストレスは強くなり，夫婦の意見の一致は減少しました。仕事から家庭へのネガティブ・スピルオーバーは子育てストレスと夫婦の意見の一致を介して間接的に抑うつ傾向に影響していました。こうした結果から，仕事から家庭へのネガティブ・スピルオーバーが抑うつ傾向に影響するのを防ぐには，仕事から家庭へのネガティブ・スピルオーバーを生起させている仕事ストレッサーと労働時間を防ぐことが急務であるといえます。また，仕事から家庭へのネガティブ・スピルオーバーと抑うつ傾向との関係の媒介となっている子育てや夫婦関係をさまざまな側面から支援を行い，仕事から家庭へのネガティブ・スピルオーバーが増加しても子育てや夫婦関係に

悪影響を及ぼさないようにすることが必要です。

5. 仕事と家庭の両立によるストレスから充実感への変化

　働く母親にとって仕事と家庭の多重役割に従事することは，日々の仕事と家事・子育てで時間に追われ，精神的身体的に負担が重くストレスフルである反面，能力を発揮する場が増えたり，人間関係や視野が広がったりして充実感も得られるという複雑で両価的な意味を持っています。そうした中で働く母親はどのようにストレスを乗り越え，充実感を多く得るようになっていくのでしょうか。

仕事と家庭の多重役割に対する意識

　小泉（1999；2000）は仕事と家庭の多重役割に対する意識の複雑な要素と構造について広範かつ詳細に調べるため，面接やインターネットによって仕事と家庭の多重役割に関する500近い発言を収集し，KJ法を用いて整理しました。その結果，母親自身の生き方，仕事と家庭のバランス，母親の仕事と家庭の両立の子ども・夫への影響，仕事と家庭の両立支援に関する33エピソードに整理されました。従来の仕事と家庭の両立に関するストレス研究が仕事と家庭のアンバランスや子ども・夫への悪影響を扱ってきたことに対して，33エピソードはバランスの良い状態や子ども・夫への良い影響，自身の生き方や人生という長い目で見たときの仕事と家庭の両立の意味などを含んでいました。従来のストレス研究ではとらえてこなかった良い影響，将来展望，他者への影響を含んでいるという点で，ストレス研究の枠を大きく広げました。

　次に，33エピソードを双対尺度法を用いてさらに整理しました（小泉，1999；小泉，2000）。その結果，次の3つの意識が示されました（図11-7）。

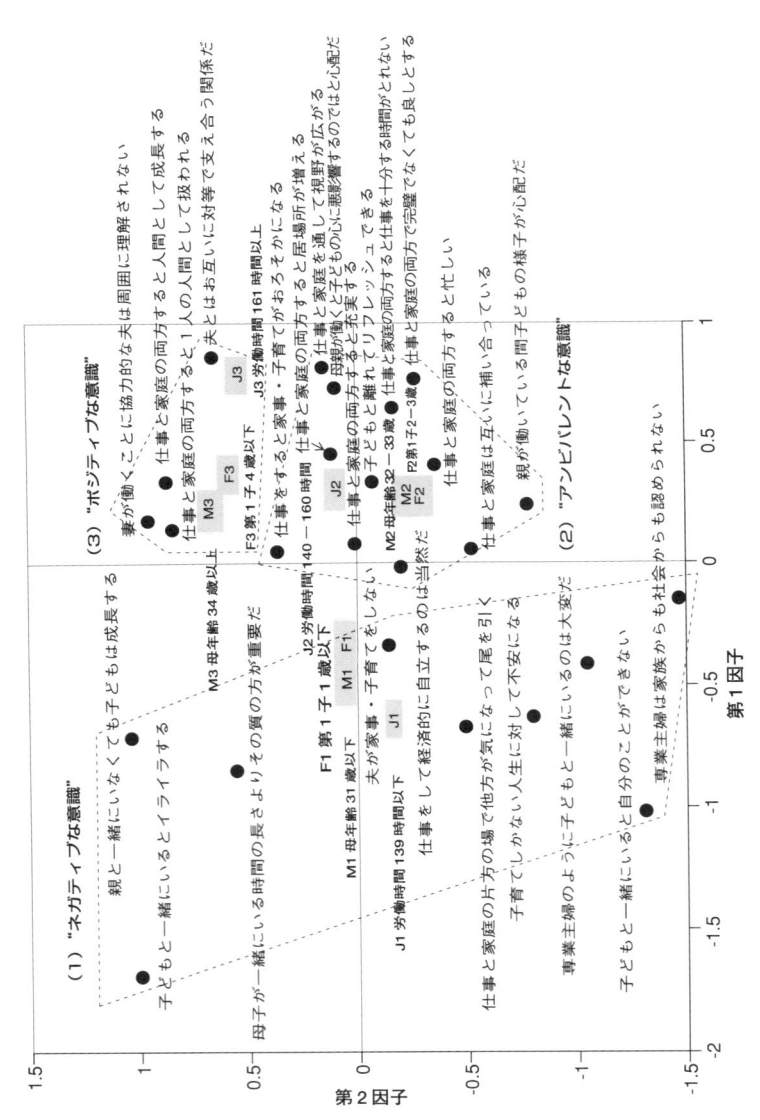

図 11-7 仕事と家庭の両立に対する意識

(1) ネガティブな意識：子育てに専念していると子どもが成長したときに生きがいがなくなり自分を見失ってしまうのではないかという焦りや不安，子どもはかわいいが一緒にいるとついイライラしてしまうといった気持ちから働こうと考える。が，仕事をしていると家庭が，家庭にいると仕事が気になり，悪循環に陥ってストレスが多い。

(2) アンビバレントな意識：働いていると仕事にも家事育児にも時間が足りなくて不十分だと気落ちしたり，子どもに悪影響があるのではないかと心配する反面，仕事で気分転換になって子どもと良い関係が作れることもあり，ストレスと充実感が混在している。

(3) ポジティブな意識：仕事と家庭を両方していくことで自分が人間として成長したり，夫婦関係でもお互いに対等で支え合う関係が築けたりする。

ストレスから充実感への発達的変化

3つの意識それぞれを中心的に持つ人の特徴を双対尺度法に追加処理した結果，次の3点が分かりました。母親の年齢はネガティブな意識，アンビバレントな意識，ポジティブな意識の順に，31歳以下から32〜33歳へ，そして34歳以上へと上昇していました（図11-7 M1, M2, M3参照）。第1子の年齢は，ネガティブな意識，アンビバレントな意識，ポジティブな意識の順に1歳以下から2〜3歳へ，そして4歳以上へと高くなっていました（図11-7 F1, F2, F3参照）。月平均労働時間は，ネガティブな意識，アンビバレントな意識，ポジティブな意識の順に139時間以下から140〜160時間へ，そして161時間以上へと長くなっていました（図11-7 J1, J2, J3参照）。こうした結果から，仕事と家庭の多重役割に対する意識は母親と子どもの加齢，労働の長時間化につれてネガティブな意識からアンビバレントな意識へ，そしてポジティブ

な意識へと変化することが推測されます。母親と子どもの加齢は子どもの成長と子育て経験の積み重ねで家事・子育ての負担が軽減されるのでしょう。仕事に長時間かかわることは仕事量が多くなる反面，仕事での楽しい経験ややりがいのある仕事を任される機会も増えるでしょう。このようにしてストレスの多いネガティブな意識からストレスばかりではなく充実感が入り混じるアンビバレントな意識へ，そして充実感の多いポジティブな意識へという発達的変化に至るのではないでしょうか。

意識の変化を促進する要因

　上述した研究結果は一見，母子の加齢や労働の長時間化で自然と悩みが解消でき充実感に至るように見えますが，実際には同じ年齢，同じ時間仕事をしている人であってもネガティブな意識を主に感じている人もいればポジティブな意識を主に感じている人もいます。こうした違いはどのような要因によって形成されるのでしょうか。そこで上述した縦断的研究データを用いて，11年目の仕事と家庭の多重役割に対する意識がそれまでの家庭要因によってどのように形成されてきたかを調べました（小泉，1999）。その結果，ネガティブな意識は，生後1ヵ月頃から子育てで精神的に疲れ，時間が足りなくて苦しいと強く感じていたこと，生後6ヵ月頃から子どもがかんしゃくをおこしやすい，一度ぐずるとなだめにくいといった育てにくい性質を備えていたことが以降の子育てストレスを高め，最終的にネガティブな意識を促進していました。アンビバレントな意識は，出産以降の家事・子育てに対する夫の非協力，子育ての精神的な疲れによって規定されていました。ポジティブな意識は，出産以降夫が家事・子育てを多く行っていたこと，生後1ヵ月頃から子育てを楽しく新鮮だと感じていたこと，子どもが育てやすい性質であったこと，夫が家事・子育てに協力的であったことが影響していま

した。

　こうした結果から，働く母親が仕事と家庭を両方行っていくうえでストレスを強く感じネガティブな意識を形成するか，充実感を多く得てポジティブな意識を形成するかは，子育ての精神的負担，夫の家事・子育て遂行度，子どもの性質によって大きく左右されることが明らかにされました。母親が子育てで精神的に疲れ，苦しんでいるとき，夫が家事・子育てを多く行うことで，母親の子育ての物理的精神的負担が軽減され，子育ての楽しみや充実感を多く得られるようになるのではないでしょうか。その効果は子どもに手がかかるときによりはっきりあらわれると推測されます。このように考えると，夫が家事・子育てを担うことは働く母親のストレスから充実感への成長を助ける非常に重要な要因であるといえます。

6．おわりに

　現代はストレス社会だといわれています。過度のストレスであれば低減することが早急に必要ですが，ストレスとうまく付き合っていくことも必要です。ストレスは悪影響ばかりではなく良い側面もあることに注目し，日常生活で過ごしやすい工夫をしたり，他者と協力することによって，ストレスとの良い関係を築くことができるでしょう。そして，こうした経験がストレスから充実感への変化・成長につながるのではないでしょうか。

【引用文献】
Crouter, A.C.　1984　Spillover from family to work: the neglect side of the work-family interface. H*uman Relations*, **37**, 425-442.
小泉智恵　1999　働く母親における職業と家庭の多重役割――その規定要因と精神的健康への影響――　白百合女子大学博士論文（未公刊）．
Koizumi, T.　2000　The development of consciousness of multiple roles in

working mothers. *The XVIth Biennial Meetings of International Society for the Study of Behavioural Development*, **16**, 250.

小泉智恵・菅原ますみ・北村俊則 2001a 児童をもつ共働き夫婦における仕事から家庭へのネガティブ・スピルオーバー：抑うつ，夫婦関係，子育てストレスに及ぼす影響 精神保健研究，**14**，65-75．

小泉智恵・菅原ますみ・真栄城和美・酒井厚 2001b 家族関係と子どもの発達（2）――働く母親の仕事から家庭へのネガティブ・スピルオーバーが抑うつに及ぼす影響―― 日本発達心理学会第12回大会発表論文集，p.75．

厚生労働省（編） 2000 平成11年度全国家庭児童調査．

Lazarus, R. S., & Folkman, S. 1984 *Stress, appraisal, and coping*. NY: Springer.

MacEwen, K. E., & Barling, J. 1994 Daily consequences of work interference with family and family interference with work. *Work & Stress*, 8, 244-254.

Selye, H. 1936 A syndrome of by diverse nocuous agents. *Nature*, **138**, 32.

労働省（編） 1997 平成9年労働者健康状況調査．

東京都立労働研究所（編） 1994 共働き世帯のライフスタイルと疲労・ストレス 労働衛生研究，**15**．

Wortman, C., Biernat, M., & Lang, E. 1991 Coping with role overload. In M. Frankenhauser, U. Lundberg & M. Chesny (Eds,), *Woman, work, and health*. New York, Plenum Press. pp. 85-110.

Zung, W. W. K. 1965 A self-rating depression scale. *Archives of General Psychiatry*, **12**, 63-70.

❀読書案内❀

◆河野友信・久保木富房（編） 1999 現代のストレス・シリーズⅢ現代的ストレスの課題と対応 現代のエスプリ別冊 至文堂．
ストレスの現代的問題についてデータや事例から解説しています。

◆中川米造・宗像恒次（編著） 1989 応用心理学講座13医療・健康心理学 福村出版．

ストレスの基礎から対処, 医療現場での応用について図表を用いて易しく説明しています。

◆B・J・バーグ著, 片岡しのぶ・金利光訳　1988　働く母親たちが危ない　晶文社. (Berg, B. J　1986　*The crisis of the working mother.*　New York : Summit Book.)
　働く母親が仕事と家庭の両立でどのようなストレスを経験しているか分かりやすい本です。

第 12 章
心を病むとは

(ムンク「叫び」1893 年)

　私たちは，生活をしている中で風邪を引いたり，足を捻挫したりとからだの不調を覚えることがあります。またからだは特に調子を崩してはいないけれども，気が滅入る，気落ちするなどといった状態になることもあります。このように，私たちの心は身体と同じように，好不調を体験します。本章では心を病んだ患者さんの世界に理解を深め，さらに患者さんの成長をサポートしたり促したりする視点に立つかかわり方について考えてみたいと思います。

1. はじめに

皆さんは精神科に通院している患者さんについて、どのようなイメージを持っているでしょうか？ ある大学で80名の学生に聞いたところ、62名の学生は「恐い」と答え、10名の学生は「危ない人」、そして8名の学生は「特に何も思わない」と回答しました。また、1997年に全国精神障害者家族会連合会（全家連）が全国規模で行った調査（ぜんかれん精神福祉研究所、1998）でも「精神障害者へのイメージ」は「変わっている」(36.6％)、「恐い」(34.2％)、「くらい」(21.7％)が上位を占めていました（図12-1）。

なぜ、私たちは精神科に通院している患者さんに対して「恐い」とか「危ない人」といったイメージを持つのでしょうか。例えば、学習指導要領では、中学・高校の保健体育の授業の中で、感染症や生活習慣病などの予防については教えるように求めています。しか

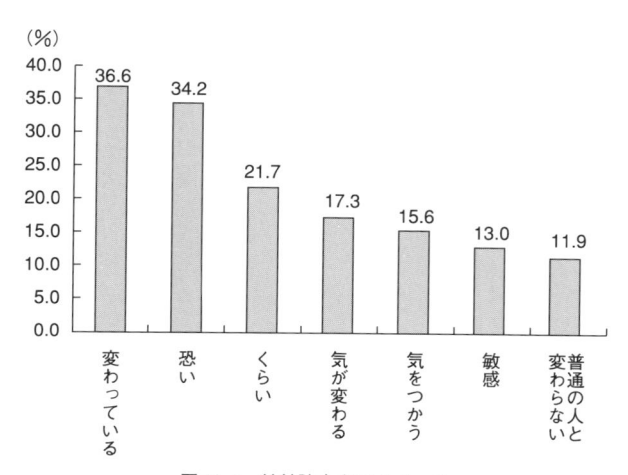

図12-1　精神障害者のイメージ
(N＝1341，複数回答)

> **両親殺傷容疑46歳娘を逮捕**
> **精神障害で治療中**
>
> 十九日午後六時二十五分ごろ、札幌市白石区のマンション六階の無職男性（72）方で、「娘が刃物を持って暴れている」と、男性から119番通報があった。
> 同市消防局の救急隊が駆けつけたところ、男性の妻（69）が首を切られて死亡しており、男性も首や胸などを切られて重傷。二人を切ったとみられる長女（46）も自分の首を切り、軽いけがを負っていた。
> 札幌白石署は、長女が手に果物ナイフを持っていたことや、「自分がやった」と犯行を認める供述をしていることから、治療後の同日深夜、長女を殺人と殺人未遂容疑で逮捕した。
> 調べによると、長女は両親と同居、約二十年前から精神障害の治療を受けており、同署は責任能力の有無についても慎重に調べる。

図12-2 読売新聞2001年8月20日より

し，精神病については対象外であり，統合失調症にふれた教科書は1冊もありません。このように私たちは，正確な知識を身につける機会が非常に少ないということがその一因として挙げられるでしょう。

また殺傷事件が起こったとき，容疑者に精神科の通院歴があり，そのことが新聞記事の中で書かれたりすると，私たちは事実関係を十分に知ることもなく，「精神障害者は，殺傷事件を起こす」というようなイメージを作ってしまいがちになります（図12-2）。

はたして，精神科に通院している患者さんは，本当に恐かったり，危ない人なのでしょうか。この点について，精神科に通院している，あるいは通院していた患者さんの手記などを手がかりに考えてゆきたいと思います。

2．うつ病（気分障害）

ストレスの多い現代社会では，うつ病は軽症も含めると人口比約

6％の出現率を示す心の病です。

「うつ病」と「うつ状態」は異なります。「うつ状態」とは，死別に代表される対象喪失や強いストレスへの反応，身体疾患などさまざまな出来事を契機として生じる憂うつな気分，行動や気分の抑制，不安感や睡眠・食欲の障害などの身体症状や感情の変化をともなう状態を指します。一方，「うつ病」という場合には，うつ状態が高じて社会的適応に障害をきたすような状態にある精神科的疾患を指します。うつ病は DSM-IV など近年の精神科診断分類では「気分障害」のカテゴリーに位置づけられています。

うつ病の病像

うつ病の中心症状は，「憂うつである」「気分が冴えない」というような状態を指す「抑うつ気分」と，「何をするのも億劫」「やる気が起こらない」という状態を指す「精神運動抑制」の2つです。精神運動抑制とは，単なる意欲の低下ではなく，車のブレーキを踏みながらアクセルをふかしている状態にたとえられるように「やらなければならない，でも，やろうとしてもできない」といったエネルギーの出現に対して抑制がかかっている状態のことです。このような状態のときには，抗うつ剤の服用や心理療法によって，抑制を緩和させると，ブレーキを緩め，前に進んで行くことができます。

また「自分は価値の無い人間だ」「生きていても仕方がない」という自己評価の低下，「自分は頑張っていない」という自責感もよく見られる症状です。この自己評価の低下と自責感は，自殺願望への傾斜を深めることにつながります。自殺はうつ病におけるもっとも深刻な問題です。

病前性格

精神科領域では特定の疾患の発病には特定の発病前の性格が関連

すると考え，それを「病前性格」と呼びます。

　うつ病の病前性格は，几帳面，神経質，律儀，責任感が強い，対他配慮志向，真面目，仕事に対して熱心という，学校や会社の中で模範的な人物として見られたり，周囲から信頼され，かつ評価されるような人物に共通する性格といえます。このようなうつ病の病前性格をテレンバッハ（H. Tellenbach）は，「メランコリー親和型性格」と名付けました。このメランコリー親和型性格は，日本人に多く見られる性格といってよいでしょう。それは，自己主張よりも他者との協調や気配りを重視し，勤勉や律儀さ，几帳面さに高い価値を置くわが国の文化と合致しているからです。

　また，うつ病発症の「きっかけ」には，死別，転居，昇進，転勤，退職などがあります。つまり，家族や組織など全力でエネルギーを注いできた対象や役割を失ったときに，うつ病を発症することが多いのです。患者さんの視点から見ると，うつ病とはメランコリー親和型性格を貫き通そうとした結果，発症してしまった，ということができます。発症のピークは30歳頃ですが，老年期で再び増える傾向があります。

うつ病患者への対応

　うつ病の治療の基本は，「休養」と「薬物療法」です。早期治療と抗うつ剤の服用，家族や所属組織の理解と治療への協力により，十分な休養がとれれば，おおむね3ヵ月ほどで症状は軽快します。

　うつ病の患者さんは，本来は頑張り屋ですが，その頑張りがきかなくなった人です。彼らは，やる気が起こらないほどに気力の減退があっても，休むことに罪悪感を感じます。また病前性格を考えると，家族や身近な人たちに苦痛を訴えたりすることはまれです。患者さんの辛さに気づかず，周囲の人たち，とりわけ家族が「怠けていないで頑張れ」「気合いを入れろ」といった激励をすることは最

も戒めなければなりません。彼らにとって必要なのは、励ましではなく、頑張りがきかなくなった辛さへの理解と慰めです。その1つとして身体疾患と同じように、十分な休養をとり、回復までを待つことが大切です。

うつ病は、神経化学的には脳内の神経伝達物質（セロトニン、ノルアドレナリン）の代謝異常が関与していると推定されています。抗うつ剤の適切な投薬によってこれらの神経伝達物質の調整を行うのが薬物療法です。

うつ病を体験した患者の手記から

30代前半の精神科医であり、うつ病を発症し約2年半にわたる治療を受けてきたI氏の手記から、うつ病患者の世界と彼がいかにして再び日常生活に復帰していったかを見てゆくことにしましょう（泉, 2002）。

まず経過の概要をたどることにします。

> I氏は研修医3年目の秋にうつ病を発症。発症前年の春頃から「疲弊する自分に気づく」が「診察には手が抜けず、休むこともできず、疲労感が蓄積。発症した年の春は、新しい研修先への異動や主治医としての独り立ちなど「自分で判断し、決断を求められる」責任ある立場に立つことが重なる。その結果「責任というプレッシャーが少しずつ積もっていき、ボクは頬の筋肉がこわばり、あまり笑えなくなり、無口になって」いく。9月中旬には入眠困難と早朝覚醒が始まり、10月には交際していた彼女と別れる。冬の初めには、一生懸命治療しても症状改善が見られない患者を前に、無力感を味わう。さらに祖父母の相次ぐ死去。「朝の気分がとにかく重い。仕事に行きたくない。睡眠薬を飲んでも寝られない。同じことを頭の中で何回も考える。食欲が無い。死にたい」気分に支配され、気力減退。精神科に通院し休職の必要性は頭では分かっていたが、「患

者さんのことが気になり,どうしてもできなかった」。相談をしていた同僚医より投薬を受け,休めと言われても「研修先でつぶれるわけにはいかない……次にここで研修したいと思っている後輩に迷惑がかかる」と頑なに休職を拒否。翌年,このような状態のまま大学病院に戻り,別れた彼女との交際を再開。彼女は,「あなたは病院の期待に応えようとして,頑張り過ぎます」と精神科看護師としての助言をするが「(うつ病で自殺した友人に)胸を張れる精神科医になるまでは手抜きはできない」と自分の生き方に固執。休日は買い込んだ食料を食べては横になる生活。彼女と会っても会話をする気にもなれない。10月,希死念慮が高まり,高層ビルの屋上に2度上がる。食欲も低下し,不眠と死のことばかりが浮かんでくる状態になる。精神科医として「この死にたい気持ちは,うつ病の症状だ」と言い聞かすことが,かろうじて自殺の歯止めとなっていた。彼女の「お願いだから休んで」の声も耳に入らない。「思考が固まり,狭くなっている。訂正がきかない。自分で自分を追いつめ,"死"以外には自分を楽にすることはできない」と思いこむ。10月下旬,「死ぬならやっぱり飛び降りるのが確実か」と思った日の夜,彼女に「死にたいんだ。もう限界なんだ」と初めて伝える。彼女は,冷静にそして愛情をこめて「仕事を休んで。苦しいなら辞めてもかまわない。元気になったら一緒の仕事を探しましょう。休んで服薬すれば必ず治るわ」と。この彼女の言葉は,「何を考えても自分しかいなかった僕に,ごくわずかだけれど,僕は1人で生きているわけではない」ことに気づくきっかけとなった。翌日,上司に休職を申し出る。そして精神科クリニックに通院,抗うつ剤の服薬を開始。3週間後から薬の効果が出始め「身体が軽くなり食欲が回復」。自殺願望はまだ頭をよぎる。彼女は「今のままでいいのよ」「今は寝ていることが大切」「ずっと走ってきたんだから,少しは休みが必要なんです。人生に無駄なことなんて1つもない」と彼に言い続けた。12月末,「心が軽くなった気がする。死にたい気持ちもほとんど無くなった」ように感じる。彼女は「頑張っている姿を応援した

ことを今はすごく後悔しているんです。……"努力しているあなた"を愛しているのではなく，"あなたそのもの"を愛しているんです。だから命を縮めることは絶対にやめてほしい」。年があけ，復職計画が提示される。2月は週に1日，3月は週に2日の軽減勤務，そして4月から常勤復帰というものであった。

「『うつ病は心の肺炎』だ。適切な治療を受けないと確実に命を落とす」病である。これは「たくさんの仲間の支えられ，生き延び」復職のめどがたった時点での彼の率直な気持ちである。うつ病を発症して3年半，Ｉ氏は軽減勤務を経て，地域精神医療の現場に常勤医として復帰，現在も診療を行っている。

Ｉ氏は真面目，仕事に熱心などの点から典型的なメランコリー親和型性格の持ち主だといえます。そして，発症前後の状況を見ると，仕事に対する完全癖や過度な向上心の高さから生じた累積的な疲弊感に，異動や責任ある立場に立つという出来事が重なりました。さらに，同じ時期に失恋や祖父母の死という，耐えがたい対象喪失を体験しました。そして，それらが引き金となってうつ病を発症したと考えることができます。

彼がうつ病の世界から抜け出し，職場復帰を果たすことができたポイントの第1は，周囲の人々―彼の場合は恋人―が，彼の存在そのものを受け入れ，暖かく支え続けてきたことです。彼女は，エンジンが焼き切れるまで頑張ってきた彼に対して，慰めと必ず良くなるという安心を与え続けました。そして第2には，職場に理解があったことが挙げられます。上司や同僚の理解と協力のもとで，徐々に仕事に慣れる軽減勤務から勤務を再開したことで，Ｉ氏は仕事に対する自信を少しずつ深め，最終的に職場に復帰することができたのです。彼は，発症から職場復帰まで3年半かかりました。もし，彼が早朝覚醒と入眠困難を感じ始めた発症初期に抗うつ剤の服用と

十分な休息をとっていたら,復職までの期間はもう少し短くてすんだはずです。精神科的疾患に共通していえることですが,発症早期の治療は,総じてその後の経過をよくします。

うつ病は,いくつかの条件が揃ったとき,誰でもがかかりうる心の病です。しかし,手記からも分かる通り,うつ病は患者さん自身がまわりの人たちに苦しさをなかなか訴えず,ダウンするまでは周囲にはどこが悪いのか見えにくい病気です。だからこそ,うつ病の症状を示す人に気がついたら,周囲の人々は,早期に精神科受診を勧め,適切な薬物療法を受けることと,うつ病の患者さんの言動や思考パターンを理解しながら,安心して十分な休息がとれるような環境を提供することが大切になります。

3. 統合失調症

2002年8月の日本精神神経学会総会において,精神分裂病という診断名が「統合失調症」と改められました。統合失調症は,1911年にスイスのブロイラーによって提唱された疾病概念です。彼は,思考,感情,体験などの分裂によって,幻覚や妄想などの自我障害を主な症状として示す心的機能の障害に注目しました。その原因はいまだに解明されていません。また,先にふれた精神障害者へのネガティブなイメージの大部分は,統合失調症の患者さんが幻覚や妄想によって引き起こす奇妙な言動や常識では予測できない行動によって形成されているといえます。

しかし,統合失調症の患者さんに見られる幻覚や妄想には,ある種の構造を見出すことができます。そして,この構造の視点から見ると,統合失調症の患者さんは,幻覚や妄想に怯え苦しむ結果として,奇妙な言動を示す,ということができます。

統合失調症の病像

統合失調症の好発年齢は 10 代後半から 30 代半ばであり，発症率は人口 1,000 人当たり 6 人と高い発症率であるといえます。主な症状として次の 3 点が挙げられます。

①陽性症状：病気によって直接産出される症状。幻覚，妄想，思考障害，自我障害など。
②陰性症状：病気によって失われた欠損症状。引きこもり，感情の平板化，無関心など。
③対人関係：極端な敏感さなど。

患者さんが引き起こす奇妙な行動の構造を理解するために，陽性症状について詳しく見ていくことにします。

統合失調症の「幻覚」は，姿の見えない他者が一方的に自分の一挙手一投足を非難したり，あらぬ噂をしたり，といった迫害的・被害的な「幻聴」として現れることが一般的です。絶え間ない幻聴を聞かざるをえない患者さんは，常に見知らぬ他者に脅かされるという苦痛な体験にさらされているといえるでしょう。そして，この幻聴に対抗するために，患者さんは耳栓をしたり，進入してくる声を防ごうとして窓に新聞紙を貼りつけたり，あるいは独語という形で幻聴と対話したりします。また時には，幻聴に押し出される形で，突飛な行動をとることもあります。

次に「妄想」とは，訂正することが不可能な，現実にはありえない誤った確信を持ち，そして，その確信を他者と共有できないことをいいます。妄想を持つ患者さんは，自分の確信が他者に共有して貰えないという悲しい思い，いらだち，そして孤独感を体験しています。統合失調症の妄想の特徴は，自分が世界のあらゆるものと直接に関係を持ち，そして，ありとあらゆるまなざしが，全て自分に

向けられている，という構造を持つことにあります。例えば，妄想の代表的なものとして被害妄想があります。被害妄想の体験様式は，「自分にはまったく身に覚えがないが，自分は誰かによって迫害され／殺意を持たれ／監視され」ている，というものです。患者さんにとって，妄想とは，幻聴と同じように常に受け身的であり，一方的に見られたり，非難されたりするという体験です。しかも非難されることは，「自分には，身に覚えがない」ことであり，患者さんは絶えずいわれなき迫害を受ける恐怖の世界に身を置いている，ということなのです。

　さらに，幻聴と妄想には密接な関係があります。幻聴から妄想が引き起こされることも少なくありません。患者さんにとって妄想は，非常にリアルな体験なので，この妄想に支配されることで，社会的に問題とされるような行動を起こすこともあるのです。つまり患者さんの理解しがたい言動の背景には，妄想がある，ということなのです。

統合失調症患者への対応

　統合失調症は，神経化学的にはうつ病と同様に脳内の神経伝達物質（ドーパミン，セロトニン）の代謝異常ですが，明確な原因は十分に解明されていません。治療の基本は，薬理作用により幻覚や妄想を抑制する薬物療法です。薬物療法の発達により，長期入院から在宅通院治療への道が開けてきました。

　統合失調症を病むということは，患者さんの人格全体が異常であるということではありません。患者さんの自我の一部分が，病理により異常をきたすものの，その他の部分は健康であるといえます。そして私たちは，患者さんの健康な自我の部分に働きかけることによって，患者さんとコミュニケーションをとり，関係を作ることができます。先にも述べたように，統合失調症の患者さんの奇妙な言

動は，患者さんの心の中で生起する幻覚や妄想などの異常体験に支配された結果なのです。このような統合失調症の病理の構造をふまえ，患者さんの気持ちを理解しながら，健康な自我の部分とかかわりを持つことが対応の基本となります。

　統合失調症の症状が軽減した状態を「寛解」といいます。現在では，薬物療法の進歩や心理療法，精神科リハビリテーションなどによって多くの患者さんが寛解状態となり，結婚生活を送ったり，就労することが可能になっています。地域の中で生活する患者さんとの接し方の重要な点として，統合失調症の患者さんは，敏感で繊細な自意識と高い自尊心を持っていること，そしてその一方で傷つきやすいパーソナリティの持ち主である，ということを理解しておく必要があります。患者さんたちは，口やかましく批判的な言われ方をされたり，いき過ぎた親密さである過干渉を受けたり，弱点を突かれたりすると非常に不安定になりがちです。また寛解状態であっても，向精神薬の服用を続けることは治療上の必要条件ですが，十分条件ではありません。何よりも周囲の人たちが，患者さんを1人の独立した人格として認め，そして愛情を持った節度あるかかわりを通して，患者さんに安心感を与えることが大切なのです。

患者の手記から

　統合失調症の患者さんが示す奇妙な言動の背後には，絶え間ない迫害的，被害的な幻覚や妄想があり，患者さん自身はそれに絶えず脅かされている，という統合失調症の構造を見てきました。ここでは，高校2年の時に統合失調症を発症し，4回の入退院を経て，現在は1児の母であり，地域活動をしているFさんの手記を手がかりに統合失調症の患者さんの世界を垣間見てみたいと思います（古川，2002）。

私の子ども時代は「人に嫌われるのが一番怖かった」ので，皆の前でいい子でいるために，多大なるエネルギーを使っていた。しかし心の中は「不安で，孤独で寂しく，辛かった」。家族にも本音で話しをしたことはなかった。高校入学時から不眠傾向が出始め，友人や自分にかかわる人たちが皆，「あの人，汚いよね，ブスだよね」と自分の悪口を言っているように聞こえた。高校2年のある日「独り言を言い始め，独り笑いもした」私の姿を見て両親が精神科に連れて行った。「頭の中の考えが抜けていき」，家や病院で暴れたりもした。入院して治療を受けながら「統合失調症になったときからの悲しみは，誰とも共有できない，1人で，しかも自分でも初めて体験する悲しみ」に浸った。病院では「1日の半分は眠っていた。睡眠をとることが回復への道だ」という母の教えは，眠ることへの罪悪感をやわらげた。「あのときの睡眠で，私の今の回復に役立っていた」と今思う。

　兄の友人Kから結婚を前提とした交際を求められた。「自分は障害者だから結婚はできない」と断ったものの，彼は「君の障害によってできない部分は僕が助ける」と。結婚後4年目に出産。出産後に再発し，家族で郷里に戻る。現在は，育児のかたわら精神障害者当事者の会を主宰している。

　統合失調症では，先に述べたように他者のささやく声が聞こえてくる幻聴や他者に迫害されるといった妄想など，症状の中に対人関係的状況が反映されます。このことから，統合失調症は単に脳内の化学伝達物質の代謝異常により発症するだけでなく，広い意味での対人関係の中で発症する病であるといえます。Fさんは子どもの頃から対人関係に過敏であり，繊細さと傷つきやすさを持ったパーソナリティであったといえるでしょう。そして高校進学というプレッシャーのかかる出来事に向き合う中で，内心は「不安で，孤独で寂し」さを抱えながらも，表面的には「できる子，いい子」を維持し

なければならない葛藤にさらされました。そして、葛藤を体験する中で、徐々に心が傷つき、その結果、心のバランスを崩し、統合失調症の陽性症状である幻聴が出始めたといえるでしょう。また、精神科医の中井（1998）は、統合失調症の発症と不眠が続くことには高い関連性があることを、指摘しています。Ｆさんは高校入学時から不眠傾向が出始めましたが、これも統合失調症の発症につながる要因の1つであったと考えられます。

独語や自分の考えが抜けていってしまうという思考奪取は陽性症状の一種です。Ｆさんにこれらが出現した時、すぐにご両親が精神科を受診させたことによって、比較的発症初期に薬物療法が始められました。このことは、寛解状態に至る大きな要因となっています。また、入院は決してＦさんが望んでいたことではありませんでした。したがって病室で興奮し、暴れたため行動が抑制される保護室に入れられたりもしました。しかし家族は、一貫してＦさんの「誰とも共有できない、しかも自分でも初めて体験する悲しみ」の体験である幻覚や妄想を頭から否定せずに、Ｆさんを丸ごと受け止めるかかわりを持ち続けました。このことが彼女の孤独感を包み込み、溶かしていくことになったといえるでしょう。家族のかかわりについて、Ｆさんは「救いのカギは家族。どんな状態でも認めてあげることで、自己回復力がつきます」と言っています。

さらに、苦しんでいるときには、「アドバイスが欲しいのでは無く、『がんばって苦しんでるね』『本当に辛いね』と本人が悩んでいる姿を抱きしめたり、一緒に泣いたり、そっと黙って同じ空間を共有すること」が一番必要であるとも言っています。

統合失調症の患者さんは、我々の常識に反した行動をとることがあり、時には危険人物視されたりもします。しかし、Ｆさんの手記からも分かるように、それは幻覚や妄想といった統合失調症の病理がそのような行動をとらせているのです。患者さんは病理を抱えな

がら苦しんでいる,ということを私たちは理解することが必要なのです。

4. 臨床心理学モデルに基づく心の病へのかかわり

今まで述べてきたような精神科領域の患者さんへの,心理学の立場からのかかわり方の1つとして,「カウンセリング」があります。カウンセリングは,人間の成長をサポートしたり,促したりする臨床心理学モデルを基盤としています。ここでは,臨床心理学モデルについて,考えたいと思います。

カウンセリングとは,精神疾患をはじめ心理的な問題を抱えている人,すなわち患者さん(クライエントともいいます。以下同じ)を心理的側面から援助することを目的とします。その方法は現在ではさまざまなパーソナリティ理論に基づいた技法があります。しかし,患者さんの語る話にじっくりと耳を傾けるという点は共通しています。また,患者さんを援助することと,患者さんを治すことは異なります。これは,カウンセリングが治すことを主眼とする西洋近代医学モデルとは軌を一にしない,臨床心理学的モデルに依拠する特徴です。

西洋近代医学モデルでは自然科学的因果律にしたがって,症状を引き起こす病因を検査から発見し,それに対して治療を施すことによって,患者さんを治癒状態に至らせます(図12-3)。

このモデルでは,病因を発見し,それを治療する,という点に主眼が置かれます。このとき,症状を抱える患者さん個人は,視野に入りません。例えば,同じ病気でも学生であるAさんにとっての病気の意味と,働き盛りのBさんにとってのそれとでは,当然のことながら異なります。しかし,西洋近代医学モデルでは,あくまでも病因の発見と治療に主眼が置かれ,生活者としての個人にとっての

```
症状 → 検査 → 病因の発見 → 病因の治療 → 治癒
```

図 12-3　西洋近代医学モデル

```
問題や     カウンセラー    患者の自己    問題や症状の軽減・
        →            →         →
症状      との対話      成長促進     受容しての生き方
```

図 12-4　臨床心理学モデル

病，という視点を欠くのです。

　一方，臨床心理学モデルでは，一般化された病気や心理的問題というものが存在するとは考えません。病気や心理的問題とは，ある個人に生じたもの，ととらえるのです。そしてさらに，臨床心理学モデルは，その個人の生活や人生において，病はどのような意味を持つのか，という視点を持ちます。

　このような臨床心理学モデルに基づくカウンセリングについて，患者さんの立場から見てみたいと思います。患者さんは，自分自身の心理的問題について，臨床心理士などの資格を持ったカウンセラーと対話をします。この対話を通して，患者さんは問題を整理したり，問題に対する新たな視点に気づいたりします。そして，この対話のプロセスを通して，患者さんは自分自身の内なる自己治癒力を発揮することになります。自己治癒力が発揮されると，患者さんは，症状が軽減したり，あるいはそれらを自分自身の一部として受容しながら生きるという，新しい生き方を見つけ出したりと，患者さん自身の自己成長が促されることになるのです（図 12-4）。

　また臨床心理学モデルに基づくカウンセリングでは，主体はあくまでも患者さんです。カウンセリングを受けると，カウンセラーから何か有益なアドバイスがもらえたり，治してもらえる，ということではありません。カウンセラーは，患者さんに自由にして保護された治療的時空間を保証し，そしてその治療的時空間の中で患者さ

んの語る自己の物語に耳を傾けるのです。

5. おわりに

　私たちは生きている限り，人間の生物的基底因や文化的社会的基底因により，程度の差はあるにしても誰でもが心を病んだり，心理的な悩みを抱えたりします。

　成長や発達とは，何か新たなものを獲得したり，前進したりするだけではありません。失ったり病んだりすることも成長や発達なのです。したがって，心の病や悩みを表層的な事柄としてとらえるのではなく，正しい知識に基づき心の病がもたらす患者さんの言動の構造に目を向け，患者さんを理解することが，相互理解を深めることにつながります。そして，相互の理解が深まったところに，お互いの成長が認められるのです。

　心理学の1つの領域である臨床心理学を学び，専門的に心を病んだ人や悩みを抱える人にかかわるカウンセラーは，このような心の病や心理的な悩みの意味を考える際に，個人の物語に耳を傾けるということを通して，個人の自己回復のプロセスを援助する役割を担っているのです。

【引用文献】
古川奈都子　2002　心を病むって　どういうこと？　ぶどう社.
泉基樹　2002　精神科医がうつ病になった　廣済堂出版.
中井久夫　1998　最終講義・分裂病私見　みすず書房.
ぜんかれん福祉研究所編　1998　精神障害者観の現況'97　全国精神障害者家族会連合会.

🎬読書案内🎬

◆シュヴィング　1966　精神病者の魂への道　みすず書房.
　精神科看護師のシュヴィングが統合失調症の患者さんと関係を築いていく過程が書かれています。「母なるもの」を抱きつつ患者さんにかかわる姿勢は，精神科医療の原点ともいえるでしょう。

◆ハナ・グリーン　1971　デボラの世界―分裂病の少女　みすず書房.
　統合失調症を病む16歳の少女デボラは，現実の世界と同時に〈Yr〉と呼ぶ世界に住んでいます。彼女の3年間にわたる精神病院での生活と，狂気の世界から現実への旅路が内面から描かれています。

◆映画「ビューティフル・マインド」(ドリームワークス映画／ユニバーサル映画, 2001).
　ゲーム理論で1994年にノーベル経済学賞を受賞した数学者ジョン・ナッシュの半生を描いた映画です。彼は統合失調症を発症し30歳頃には幻覚と妄想に苦しみましたが，薬物療法と家族や友人の支えの中で寛解に至ることができました。映画では幻覚や妄想の状態がリアルに映し出されています。

人名索引 (アルファベット順)

A
阿部恒之　*31*
アルバート, R. S.　*72*
アリエティ, S.　*86*
アマビール, T. M.　*82*
天野正子　*127*
安西祐一郎　*54*
浅井泉　*32*

B
Barling, J.　*188*
Bartlett, F. C.　*46*
ボードリヤール, J.　*85*
バーグ, B. J.　*197*
ブレイクスリー, S.　*19*
Bransford, J. D.　*45*
Brewer, M. B.　*150*
ブラウン, R.　*159*
バトラー, R. N.　*62*

C
キャノン, W. B.　*26, 27*
チェス, S.　*97*
陳省仁　*101, 103*
コリンズ, A. M.　*42, 43*
コーネリアス, R. R.　*24, 25, 27*
Crouter, A. C.　*188*
チクセントミハイ, M.　*80, 81, 82*

D
出口泰靖　*142, 143*
Duncker, K.　*46*

E
江川紹子　*125*
アイヒバウム, L.　*86*
エリクソン, E. H.　*64, 115*

F
Fish, R.　*172*
Fiske, S. T.　*150, 156*
フォルクマン, S.　*181*
フロイト, S.　*48*

G
ガードナー, H.　*72, 81*
Gauvain, M.　*52*
ゴッホ, V.　*71*
グリーン, H.　*215*

H
浜治世　*32*
長谷正人　*176*
古川奈都子　*209*
藤井昌子　*125*

I
茨木俊夫　*28*
池上知子　*148*
生島浩　*121*
稲毛詛風　*72*
伊波和恵　*33*
井上毅　*69*
石原健司　*4*
伊東秀子　*125*

J
ジェームズ, W.　*25, 26, 27*
Johnson, M. K.　*45*

K
ケイガン, J.　*95, 96*
上瀬由美子　*150, 158, 159*
Kapur, N.　*7*
加藤弘通　*171*
河村満　*8*
かづきれいこ　*36*
ケネディ, J. F.　*58*
キング, M. L.　*58*
河野友信　*196*
小泉智恵　*188, 190, 191, 194*
近藤邦雄　*170, 176*
久保木富房　*196*
カーリック, J.　*58*
黒川由起子　*69*

L
Laing, R. D.　*130*
ラザルス, R. S.　*181, 182*
Luchins, A. S.　*47*

M
MacEwen, K. E.　*188*
マルコム X　*58*
Manes, F.　*7*
松井豊　*151*
正高信男　*132, 133, 134, 142*

218　人名索引

緑川晶　8, 15
三宅和夫　101, 103, 107
Miyake, N.　52
モス, H. A.　95, 96
宗像恒次　196
ムンク, E.　198
村上龍　79

N
中川米造　196
中井久夫　211
中里克治　128
中田英寿　79
ナッシュ, J.　215
夏堀睦　76, 84
Neuberg, S. L.　150
野村健二　74
野村豊子　69
Norman, D. A.　49, 51

O
Oakes, P. J.　155
Obayashi, T.　14
岡隆　148, 155, 159
尾木直樹　119, 120
長田久雄　136
恩田彰　74

P・Q・R
パーマー, J. C.　60
キリアン, M. R.　42, 43
ラマチャンドラン, V. S.　19
ルソー, J. J.　115
ロフタス, E. F.　60
ロゴフ, B.　52

S
佐伯胖　69
サメロフ, A. J.　101, 102
佐々木正人　69
佐藤達哉　148, 159
Selfridge, O. G.　44
セリエ, H.　180
Shallice, T.　51
下仲順子　128
シスク, D. A.　75
白石正久　107
シュヴィング, G.　215
Stangor, C.　158
Swim, J. K.　158

T
立川昭二　21

竹内敏晴　36
Tanaka, Y.　14
テレンバッハ, H.　202
トマス, A.　97, 99
トムキンス, S.　31
トーランス, E. P.　74, 75
都筑学　122

V・W
ヴィゴツキー, L. S.　51
ワーゲナー, W. A.　56
ウォーレス, G.　58
ウォーホル, A.　85
ワツラウィック, P.　172, 176
ワーナー, E.　97, 98
Wortman, C.　188

Y
山鳥重　19
余語真夫　33
横井俊　155
吉川正巳　127, 135, 136
吉村浩一　54

事項索引 (50音順)

あ
アイデンティティ　115
アクションスリップ　49
新しさ
　自分にとっての——　73
　社会にとっての——　73
いじめ　119
遺伝　94
うつ
　——状態　201

事項索引　219

――病（気分障害）　200
英才児　72
エピソード記憶　56
老い　127
オリジナリティ（独自性）　71
オリジナルの死　85

か
介護　140
回想　61
海馬　15
カウンセリング　212
寛解　209
環境　94
関係論　168
感情　24
顔面フィードバック仮説　31
気質　98
帰属　155
基本的信頼感　115
逆行性健忘　6
キャノン＝バート説　27
ギャングエイジ　117
教育改革国民会議　70
共同作業　52
筋弛緩訓練　27
勤勉性　116
KJ法　191
血液型性格判断　151
幻覚　207
健忘症　5
交感神経系　29
個人　81
コーピング　181

さ
差別　157
3歳児神話　93
GSR（皮膚電気反射）　29
ジェームズ＝ランゲ説　27
時間的勾配　7

自己肯定感情　116
仕事と家庭の多重役割　191
　――のスピルオーバー　188
　――の
　――の両立　187
思春期のスパート　112
システム論　170
視床　13
自伝的記憶　5
自発性　116
社会的カテゴリー　148
社会的評価の獲得　79
周産期　97
充実感　191
縦断研究　95
情動
　――の中枢起源説　24
　――の抹消起源説　24
自律神経
　――系　28
　――失調症　29
自律性　116
人格　92
新学力観　70
神経細胞　10
心身症　22
身体の老い　127
身体的側面と心的側面のズレ　129
シンボル化　42
心理社会的発達段階　64
スキーマ　43
ステレオタイプ　148
　血液型――　151
ストレス　180
　家庭の――　185
　子育て――　190
　仕事の――　182
ストレッサー　180
　仕事――　190
スモールC　76
性格　92

性的成熟　*112*
青年の悩み　*109*
西洋近代医学モデル　*212*
前向性健忘　*14*
前脳基底部　*11*
相乗的相互作用モデル　*100*
創造性　*71*
　　——テスト　*74*
　　——のシステムモデル　*80*
創造的
　　——学習法　*75*
　　——児童　*76*
双対尺度法　*191*

た
第二次性徴　*113*
第二の誕生　*115*
第二発育急進期　*112*
第二反抗期　*109*
他者との関係性　*141*
他者の介助　*140*
知覚　*40*
　　選択的——　*151*
知識　*41*
注意　*50*
手続記憶　*15*
てんかん　*9*
天才児　*76*
統合失調症　*206*
特性論　*164*
ドメイン　*80*

な・は
認知　*40*
脳波　*7*
パス解析　*190*
反社会的行動　*162*
評価的なまなざし　*116*
病前性格　*201*
フィールド　*82*
夫婦の意見の一致　*190*
副交感神経系　*29*
フラッシュバブルメモリー　*57*
母性　*94*
ボディ・イメージ　*113*

ま・や・ら
無意識　*48*
メランコリー親和型性格　*202*
妄想　*207*
問題行動　*162*
抑うつ傾向　*188*
ラージC　*76*
領域特殊性　*72*
リラクセーション　*27*
臨床心理学モデル　*212*
老化　*135*
老人　*127*
　　虚弱な——　*131*
労働時間　*184*
ローソクの問題　*46*

<執筆者紹介>

●編者
都筑 学(つづき・まなぶ)
中央大学文学部教授
1981年筑波大学大学院心理学研究科博士課程単位取得退学
専攻＝発達心理学
[著書] 『大学生の時間的展望―構造モデルの心理学的検討』(中央大学出版部，1999)
　　　『やさしい青年心理学』(共著，有斐閣，2002)
　　　『心理学・倫理ガイドブック』(共著，有斐閣，2000)
　　　『新かたりあう青年心理学』(共著，青木書店，1999)
[本書執筆担当]　第2章・第7章

●執筆者
緑川 晶(みどりかわ・あきら)
科学技術振興事業団「協調と制御」領域グループメンバー，昭和大学医学部神経内科研究生
2002年中央大学大学院文学研究科博士後期課程修了
専攻＝神経心理学
[本書執筆担当]　第1章

尾形 剛(おがた・つよし)
防衛医科大学校リハビリテーション部助手
2000年中央大学大学院文学研究科博士後期課程単位取得退学
専攻＝認知心理学・老年心理学・神経心理学
[本書執筆担当]　第3章

今井由紀(いまい・ゆき)
中央大学商学部兼任講師，共立女子大学文芸学部非常勤講師
2000年中央大学大学院文学研究科博士後期課程単位取得退学
専攻＝老年心理学・生涯発達心理学
[本書執筆担当]　第4章

夏堀 睦（なつぼり・ちか）
東京都立大学大学院人文科学研究科博士課程在学中
1995年中央大学大学院文学研究科修士課程修了
専攻＝教育心理学
［著書］『教育と保護の心理学 昭和戦後初期 別冊解題』（共著，クレス出版，2001）
［本書執筆担当］ 第5章

松本博雄（まつもと・ひろお）
名古屋短期大学保育科専任講師
2002年中央大学大学院博士後期課程単位取得退学
専攻＝教育心理学・発達心理学・発達臨床心理学
［本書執筆担当］ 第6章

大村 壮（おおむら・そう）
中央大学大学院文学研究科博士後期課程在学中
2001年中央大学大学院文学研究科博士前期課程修了
専攻＝発達心理学
［本書執筆担当］ 第8章

佐久間 勲（さくま・いさお）
東京成徳短期大学ビジネス心理科専任講師
2000年一橋大学大学院社会学研究科博士後期課程単位取得退学
専攻＝社会心理学
［著書］『社会心理学研究の技法』（共著，福村出版，2000）
［本書執筆担当］ 第9章

加藤弘通（かとう・ひろみち）
中央大学大学院博士後期課程在学中，フリースクール Koppie 心理スタッフ
1999年中央大学大学院文学研究科博士前期課程修了
専攻＝発達心理学・学校心理学・犯罪心理学
［著書］『生活問題の社会学』（共著，学文社）
［本書執筆担当］ 第10章

小泉智恵（こいずみ・ともえ）
財団法人労働科学研究所特別研究員
1998 年白百合女子大学大学院文学研究科博士課程修了
専攻＝生涯発達心理学
［著書］『結婚・家族の心理学』（共著，ミネルヴァ書房）
［本書執筆担当］　第 11 章

逸見敏郎（へんみ・としろう）
立教大学文学部助教授
1997 年中央大学大学院博士後期課程単位取得退学
専攻＝臨床心理学
［著書］『教師学と私』（共著，学文社，2001）
　　　　『沖縄の教育と課題』（共著，東洋企画，2002）
［本書執筆担当］　第 12 章

やさしい心理学――心の不思議を考える――

2003 年 3 月 20 日　初版第 1 刷発行　　定価はカヴァーに表示してあります

編　者　都築　学
発行者　中西健夫
発行所　株式会社ナカニシヤ出版
　　　　〒606-8316　京都市左京区吉田二本松町 2 番地
　　　　Telephone　075-751-1211
　　　　Facsimile　075-751-2665
　　　　郵便振替　01030-0-13128
　　　　URL　http://www.nakanishiya.co.jp/
　　　　Email　iihon-ippai@nakanishiya.co.jp

装丁・白沢　正／印刷・創栄図書印刷／製本・吉田製本
イラスト・松本達也
Printed in Japan
Copyright © 2003 by M. Tsuzuki
ISBN4-88848-776-6　　C1011

日本音楽著作権協会（出）許諾第 0302392-301 号